DIOS

se acercó

Max Lucado

Vida

EDITORIAL

DEDICADOS A LA EXCELENCIA

La misión de Editorial Vida es proporcionar los recursos
necesarios a fin de alcanzar a las personas para Jesucristo y
ayudarlas a crecer en su fe.

ISBN 0-8297-0339-X

Categoría: Inspiración

Este libro fue publicado en inglés con el título
God Came Near: Chronicles of the Christ
por Multnomah Press 1987

© 1987 por Max Lucado

Traducido por M. Cristina Kunsch de Sokoluk

Edición en idioma español
© 1992 por Editorial Vida
Miami, FL 33166-4665

Reservados todos los derechos

Cubierta diseñada por John F. Coté

Printed in the United States of America

99 00 01 02 * 9 8 7 6 5 4

A Steve y Cheryl Green
"El amigo fiel es seguro refugio;
el que le encuentra,
ha encontrado un tesoro."
Eclesiástico 6:14 (Biblia de Jerusalén)

"Señor, quisiéramos ver a Jesús."
Juan 12:21

". . .habiendo visto con nuestros
propios ojos su majestad."
2 Pedro 1:16

ÍNDICE

"y vimos su gloria"

Parte II
NUESTRA IMITACIÓN

"Un discípulo. . . que haya completado su formación será como su maestro."

RECONOCIMIENTOS

Mi más profundo agradecimiento a:

Liz Heaney y el personal de Multnomah:
No podrían ser mejores.

Jim Woodroof, Rubel Shelley, Richard Rogers
y Joan Carrigan (mi hermana):
El estímulo y las sugerencias de ustedes fueron inapreciables.

Carl Cope:
¿Qué haría yo sin tu ayuda a último momento
y tu amistad en todo momento?

El grupo de Río de Janeiro:
"¡Amigos queridos!"

Stanley Shipp:
Eres una de las personas más admirables del mundo.

Los ancianos de la Iglesia de Cristo de Highland:
Valoro su atención pastoral y sus oraciones.

Y más tiernamente
te agradezco a ti, Denalyn:
Si cada vez que pienso en ti cayera una estrella,
el firmamento quedaría vacío.

TESTIGOS OCULARES DE SU MAJESTAD

El cristianismo, en su forma más pura, no es nada
más que ver a Jesús.
El servicio cristiano en su forma más pura no es nada
más que una imitación de aquel a quien vemos.
Ver a su majestad e imitarlo:
esa es la esencia del cristianismo.

Roberto Edens estuvo ciego durante cincuenta y un años. No podía ver absolutamente nada. Su mundo era un negro salón de sonidos y olores. Fue tanteando su camino a lo largo de cinco décadas de oscuridad.

Y después pudo ver.

Un experto cirujano practicó una complicada operación y, por primera vez en su vida, Roberto Edens obtuvo la vista. Esta experiencia le resulto abrumadora.

— ¡Nunca hubiera soñado — exclamó — que el amarillo fuera tan amarillo! No tengo las palabras para expresarlo. Estoy maravillado por el amarillo. Pero el rojo es mi color favorito. Sencillamente no puedo creer que un color sea así. Puedo ver las formas de la luna. . . y nada me agrada tanto como ver un avión a chorro surcar el cielo dejando una estela de vapor. Y por supuesto los amaneceres y los atardeceres. Y de noche miro las estrellas en el cielo y los destellos de las luces. Ustedes no pueden imaginar lo maravilloso que es todo.

Tenía razón. Los que hemos gozado de vista durante toda la vida no podemos saber lo maravilloso que debe de ser recibirla.

Pero Roberto Edens no es la única persona que ha pasado toda una vida cerca de algo sin lograr verlo. Son pocas las personas que no sufren de algún tipo de ceguera. Increíble, ¿verdad? Podemos vivir toda la vida cerca de una cosa; sin embargo, si no dedicamos tiempo a observarla con atención, no llega a formar parte de nuestra vida. A menos que de alguna manera se nos quite la ceguera, nuestro mundo no es más que una caverna negra.

Pensemos en esto. Aunque una persona haya visto personalmente mil veces el arco iris, no significa por eso que alguna vez haya notado toda su grandiosidad. Uno puede vivir cerca de un jardín y no acertar a ver el esplendor de la flor. Un hombre puede pasar la vida junto a una mujer sin detenerse jamás a apreciar su alma.

Y una persona puede ser la personificación de todo lo que significa la bondad misma y sin embargo no ver jamás al Autor de la vida.

El solo hecho de ser honrado, moral o aun religioso no implica de por sí que podamos verlo a él. No. Podríamos ver lo que otros ven en él. O podríamos oír lo que algunos dicen que él dijo. Pero en tanto no lo vemos para nosotros mismos, en tanto no se nos otorgue la vista, podemos creer que lo vemos, cuando en realidad sólo vemos una forma borrosa en una penumbra gris.

¿Usted lo ha visto?

¿Ha captado un atisbo de su majestad? Una palabra colocada en una hendija receptiva de su corazón le ha permitido ver, aunque sea por un instante, su rostro. Oye una palabra de la Escritura leída con una expresión que no había oído antes, o explicada de una manera que nunca había pensado y una pieza más del rompecabezas se coloca en el lugar correspondiente. Alguien toca su alma dolorida como sólo podría hacerlo un enviado de él. . . y ahí está él.

Jesús.

El hombre. El bronceado galileo que habló con la autoridad del trueno y amó con la humildad del niño.

El Dios. Aquel que afirmó ser anterior al tiempo y mayor que la muerte.

Se ha desvanecido la pompa de la religión; se ha disipado la niebla de la teología. Se ha levantado por el momento la opaca cubierta de la controversia y la opinión. Se han borrado los errores y el egoísmo que nos enceguecían. Y allí se yergue él.

Jesús.

¿Usted lo ha visto?

Los primeros en verlo no volvieron a ser los mismos.

— ¡Mi Señor y mi Dios! — confesó Tomás.

— He visto al Señor — exclamó María Magdalena.

— Hemos visto su gloria — declaró Juan.

— ¿No ardía nuestro corazón en nosotros mientras nos hablaba?

— se decían gozosos los discípulos que iban hacia Emaús.

Pero Pedro lo expresó mejor que todos:

— Hemos visto con nuestros propios ojos su majestad.

Su Majestad. El emperador de Judá. El águila que se remonta en el vuelo de la eternidad. El noble comandante del Reino. Todo el esplendor de los cielos revelado en un cuerpo humano. Durante un lapso brevísimo las puertas a la sala del trono se abrieron y Dios se acercó. Su Majestad se hizo ver. Los cielos tocaron la tierra y, en consecuencia, la tierra puede conocer los cielos. En una pasmosa función doble, un cuerpo humano albergó a la divinidad. Se entrelazaron la santidad del cielo y la humanidad de la tierra.

Este no es un mesías común y corriente. Su biografía fue extraordinaria. Se definió a sí mismo como divino; sin embargo, permitió que un soldado romano de la más baja categoría le perforara la muñeca con un clavo. El exigía pureza, pero defendió la causa de una ramera arrepentida. Llamó a marchar en pos de él a hombres, a quienes sin embargo no les permitió llamarlo Rey. Envió hombres por todo el mundo, pero los equipó sólo con rodillas que se hincaran y con los recuerdos de un carpintero resucitado.

No podemos considerarlo simplemente como un buen maestro. Sus afirmaciones se extralimitan de tal manera que no podemos encerrarlo en compañía de Sócrates o Aristóteles. Tampoco podemos encuadrarlo en la categoría de los muchos profetas enviados a revelar verdades eternas. Sus propias afirmaciones descartan tal posibilidad.

¿Quién es él, entonces?

Tratemos de descubrirlo. Sigamos las huellas de sus sandalias. Sentémonos en el suelo frío y duro de la cueva en que nació. Aspiremos el aroma del aserrín de la carpintería. Oigamos el golpeteo de sus sandalias sobre las duras sendas de Galilea. Suspiremos al palpar las heridas restauradas de un leproso. Esbocemos una sonrisa al ver su compasión hacia la mujer junto al pozo de agua. Retrocedamos al oír el silbido del infernal Satanás. Permitamos que nuestras voces asciendan junto con las alabanzas de las multitudes. Procuremos verlo.

¿Ha transcurrido mucho tiempo desde que lo vio usted? Si sus oraciones parecen añejas, probablemente así sea. Si su fe parece sacudirse, podría ser que su visión de él se haya opacado. Si no encuentra el poder necesario para enfrentar sus problemas, tal vez sea tiempo de enfrentarse con él.

Una advertencia. Algo le sucede a la persona que ha sido testigo de su majestad: se convierte en adicto. Un solo vistazo del Rey y lo consume el deseo de ver más y de hablar más de él. Calentar un banco dentro del templo no le será más posible. No le será suficiente la chatarra de una religión. No será necesario buscar sensaciones. Una vez que haya visto su rostro, por siempre añorará volver a verlo.

En cuanto a este libro ·- y sin mediar disculpas — mi oración es que el Divino Cirujano lo utilice como un delicado instrumental quirúrgico para restaurar la vista. Que lo borroso sea nítido y lo oscuro se disipe. Que de la figura ondulante de un espejismo en el desierto emerja el Cristo para convertirse en el rostro palpable del mejor amigo. Que postremos nuestro rostro sobre sus pies horadados y nos unamos a Tomás aclamándolo "Mi Señor y mi Dios". Y, en un acto supremo, que susurremos el secreto del universo: "Hemos visto con nuestros propios ojos su majestad."

Parte I

SU ENCARNACIÓN

"Y aquel Verbo fue hecho carne,
y habitó entre nosotros,
(y vimos su gloria)
. . . lleno de gracia y de verdad."

Juan 1:14

LA LLEGADA

El ruido y la agitación comenzaron más temprano que de costumbre en la aldea. Al ceder la noche su lugar al alba, la gente ya andaba por las calles. Los vendedores ambulantes tomaban sus puestos en las esquinas de las avenidas más densamente transitadas. Los comerciantes abrían las puertas de sus tiendas. Los niños se despertaban por el ladrido alborotado de los perros callejeros y los rezongos de los burros que tiraban de los carritos.

El propietario de la posada se había despertado más temprano que la mayoría de los aldeanos. Era un hecho: la capacidad de la posada estaba colmada, todas las camas habían sido solicitadas. Todas las camas y frazadas se habían puesto en servicio. Pronto todos los alojados entrarían en movimiento y habría mucho trabajo que hacer.

Nuestra imaginación se enciende pensando en la conversación del posadero y su familia en torno a la mesa del desayuno. ¿Alguien mencionó el arribo de la joven pareja la noche anterior? ¿Alguien averiguó si se encontraban bien? ¿Alguien comentó el estado de gravidez de la jovencita que venía sobre el asno? Quizá. Quizá alguien mencionó el tema. En el mejor de los casos se inició el tema, pero sin analizarlo. Es que no había nada tan singularmente raro en aquella pareja. Eran, posiblemente, una de las muchas familias que habían recibido una respuesta negativa la noche pasada.

Aparte de eso, ¿quién tenía tiempo para hablar acerca de esos dos cuando había tanta algarabía en el ambiente? Augusto había hecho un favor a la economía de Belén al decretar que se levantara un censo. ¿Quién podía recordar un golpe más favorable para el comercio de aquel pueblito?

No, es improbable que alguien haya mencionado el arribo de la pareja o se haya preguntado por la condición en que se encontraba la joven. Todos estaban demasiado ocupados. El día se les venía encima. Se tenía que hacer el pan del día. Se tenían que llevar a cabo las tareas domésticas. Había demasiadas cosas que hacer como para imaginarse que ocurriera lo imposible.

Dios había entrado en el mundo como un bebé.

Sin embargo, si alguno acertara a pasar por el establo de las ovejas en las afueras de Belén aquella mañana, qué escena tan particular contemplaría. El establo hiede como hieden todos los establos. La hediondez que la orina, el estiércol y las ovejas exhalan punza el aire. El suelo es duro, el heno escaso. Telarañas se cuelgan del techo y un ratón corre surcando el piso de tierra.

No podía haber un lugar más humilde en que nacer.

A un costado está sentado un grupo de pastores. Están sentados en el piso en silencio, quizá perplejos, quizá deslumbrados, sin duda asombrados. Su vigilancia nocturna había sido interrumpida por una explosión de luz desde el cielo y una sinfonía de ángeles. Dios se allega a los que tienen tiempo para escucharlo; por eso en aquella noche despejada de nubes fue al encuentro de sencillos pastores.

Cerca de la joven madre está sentado el fatigado padre. Si hay alguien que dormita, es él. Ya no recuerda cuándo estuvo sentado por última vez. Y ahora que se ha calmado un poco el nerviosismo, ahora que María y el bebé se encuentran cómodos, se apoya sobre la pared del establo y siente que los párpados se ponen pesados. Todavía no tiene en claro todo lo ocurrido. El misterio del acontecimiento lo desconcierta. Pero le faltan las fuerzas para forcejear con sus preguntas. Lo que importa es que el bebé está bien y María está a salvo. Al acometerle el sueño, recuerda el nombre que el ángel le dijo que le pusiera. . . Jesús. "Lo llamaremos Jesús."

María está completamente despierta. Pero, ¡qué joven parece! Su cabeza descansa sobre el suave cuero de la montura de José. El dolor ha sido eclipsado por el asombro. Mira de lleno el rostro del bebé. Su hijo. Su Señor. Su Majestad. En este momento histórico, el ser humano que entiende mejor que todos quién es Dios y qué es lo que él está haciendo es una joven de menos de veinte años en un establo maloliente. Ella no puede apartar los ojos de él. De alguna manera María sabe que tiene en su regazo a Dios. *De modo que este es él. Recuerda las palabras del ángel: "Su reino no tendrá fin."*[1] Por su aspecto podría parecer cualquier cosa, menos un rey. Su rostro está amoratado y enrojecido. Su llanto, si bien fuerte y saludable, es aun así el llanto impotente y penetrante de un bebé. Y depende en forma absoluta de María para su bienestar.

La majestad en medio de lo mundano. La santidad en medio de la mugre del estiércol y el sudor ovino. La divinidad entra en el mundo sobre el suelo de un establo, a través del vientre de una joven, y en presencia de un carpintero.

Ella palpa el rostro del Dios bebé. *¡Qué largo fue tu viaje!*

Este bebé había contemplado el universo desde las alturas. Estos trapos que lo abrigaban ahora eran el atavío de la eternidad. El salón dorado de su trono había sido abandonado por optar por un sucio corral de ovejas. Y los ángeles adoradores habían sido suplantados por pastores bondadosos pero atónitos.

Entretanto la ciudad está en plena actividad. Los mercaderes no se percatan de que Dios ha visitado su planeta. El posadero nunca creería que él acaba de enviar a Dios a pasar frío. Y la gente se mofaría de cualquiera que le dijera que el Mesías yace entre los brazos de una jovencita en los arrabales de su pueblo. Todos estaban demasiado ocupados como para cavilar en que eso fuera posible.

Todos los que se perdieron la llegada de su Majestad aquella noche, no fue por actos de perversidad o maldad; no, se les pasó por alto simplemente porque no estaban a la expectativa.

Muy poco ha cambiado en los últimos dos mil años, ¿no es verdad?

---

1   Lucas 1:33

"UN MOMENTO. . ."

Todo sucedió en un momento, un momento muy notable.
Para un momento, ese momento no parecía diferente de
ningún otro. Si de algún modo pudiéramos descolgarlo del tendal
donde se enganchan los momentos, al examinarlo notaríamos que
se parece a cualquier momento de los que han transcurrido desde
que comenzó a leer estas palabras. Llegó y se fue. Lo precedieron y lo
sucedieron otros semejantes. Era un instante más de los incontables
instantes con que se marca el tiempo desde que la eternidad se hizo
mensurable.

Pero en realidad ese instante en particular no era como otro
cualquiera. Pues en ese segmento del tiempo ocurrió algo espectacu-
lar. Dios se hizo hombre. Mientras las criaturas de la tierra andaban
desapercibidas, arribó la Divinidad. Los cielos se abrieron y colocaron
en un vientre humano al ser más precioso que tenían.

En un instante el omnipotente se hizo destructible. El que había
sido Espíritu se hizo horadable. El que había sido más grande que
el universo se hizo embrión. Y aquel que hacía subsistir al mundo
mediante su palabra se hizo dependiente de la alimentación de
una jovencita.

Dios como feto. La santidad durmiendo dentro de un útero. El
creador de la vida siendo creado.

A Dios se le dieron cejas, codos, dos riñones y un bazo. Al estirarse
tocaba las paredes y flotaba dentro del líquido amniótico de su madre.

Dios se había acercado.

Se acercó, no como un resplandor de luz ni como un conquistador
al que nadie puede tener acceso, sino como una criatura cuyos
primeros vagidos fueron oídos por una joven campesina y un

carpintero soñoliento. Las manos que lo llevaron por primera vez eran manos callosas, sucias, sin tratamiento de manicura. Sin seda. Sin marfil. Sin alboroto. Sin fiesta. Sin euforia colectiva. De no haber sido por los pastores, no hubiera habido visitas. Y de no haber sido por unos observadores de estrellas, no hubiera habido regalos.

Los ángeles observaban mientras María cambiaba los pañales de Dios. El universo observaba asombrado cómo aprendía a caminar el Omnipotente. Los niños jugaban con él en la callejuela. Y si el jefe de la sinagoga de Nazaret hubiera sabido quién escuchaba sus sermones...

Jesús puede haber tenido granos en el cutis. Puede haber entonado mal. Puede haber despertado un enamoramiento en alguna muchachita del barrio, o viceversa. Puede haber tenido rodillas sobresalientes. Una cosa es segura: él era, a la vez que completamente divino, completamente humano.

Durante treinta y tres años pudo haber sentido todas las cosas que usted y yo hemos sentido alguna vez. Se sintió débil. Se sintió cansado. Tuvo miedo al fracaso. Sintió la atracción femenina. Pudo estar resfriado, eructar y tener olor a sudor. Sus sentimientos se sintieron heridos. Sus pies sintieron el cansancio. Y sintió dolor de cabeza.

Pensar en Jesús de esta manera es – o parece ser – irreverente, ¿no es así? No nos gusta pensar eso; nos hace sentir incómodos. Es mucho más fácil excluir el ingrediente humano de Jesús de la realidad de la encarnación... Limpiar el estiércol de los alrededores del establo. Secar el sudor que le llega hasta los ojos. Hacerse de cuenta que nunca roncó ni se sonó las narices ni se martilló un dedo.

Es más fácil de tragar el bocado así. Al conservarlo solamente divino hay algo que lo mantiene a la distancia, envasado, más fácil de acomodar dentro de nuestros cálculos.

Pero no lo haga. Por amor a él, no lo haga. Permítale ser tan humano como él quiso ser. Déjele pisar el fango y la inmundicia de nuestro mundo. Porque sólo si lo dejamos entrar, podrá él arrancarnos de aquí.

Escúchelo hablar.

"Ama a tu prójimo" fue dicho por un hombre amenazado de muerte por su prójimo.[1]

El desafío a dejar la propia familia por el evangelio fue proclamado por aquel que le dio un beso de despedida a su madre en el umbral de la puerta.[2]

"Oren por aquellos que los persiguen" provino de los labios que muy pronto rogarían a Dios que perdonara a sus asesinos.[3]

"Yo estoy con vosotros siempre" son las palabras de un Dios que en un instante hizo lo imposible para hacerlo todo posible para usted y para mí.[4]

Todo sucedió en un momento. En un solo momento... un momento supremamente notable. El Verbo se hizo carne.

Habrá otro. El mundo presenciará otra transformación instantánea. Fíjese que al hacerse hombre Dios hizo posible que el hombre viera a Dios. Cuando Jesús volvió a su hogar, dejó abierta la puerta de atrás. En consecuencia, "todos seremos transformados, en un momento, en un abrir y cerrar de ojos".[5]

El primer momento de transformación pasó inadvertido para el mundo. Pero puede estar muy seguro de que el segundo no será así. La próxima vez que al hablar emplee la frase "un momento...", recuerde: eso es todo el tiempo que llevará cambiar este mundo.

---

1   Marcos 12:30; Lucas 4:29
2   Marcos 10:29
3   Mateo 5:44; Lucas 23:34
4   Mateo 28:20
5   1 Corintios 15:51, 52

LO ABSURDO EN CARNE Y HUESO

Dígame: *¿Está usted insinuando que Dios se hizo bebé...?* El que lanzaba la pregunta estaba perplejo. La duda formaba surcos en sus gruesas cejas y la desconfianza confería un aspecto bizco a sus ojos. Aunque había dónde sentarse, optó por no hacerlo. Prefirió permanecer detrás de la muchedumbre, inseguro, aunque intrigado por lo que estaba oyendo. Había escuchado con atención toda la disertación de brazos cruzados, de vez en cuando soltándolos para acariciar su mentón velludo. En este momento, sin embargo, se puso de pie erguido, golpeando como un boxeador el aire con su dedo al lanzar la interrogación:

– *¿... y que nació en un corral de ovejas?*

Por su apariencia se diría que había bajado de las cercanas montañas del Estado de Colorado: gorro tejido, chaqueta de plumón sin mangas, polainas de nailon, botas de caminar. Y por su modo de hablar parecía que verdaderamente no sabía si la historia que estaba escuchando era una leyenda serrana o la verdad del evangelio.

– *Sí, eso es lo que estoy diciendo* – respondió el orador.

– *¿Y que, después de haberse hecho bebé, fue criado en un hogar de clase trabajadora? ¿Y que a pesar de no haber escrito libros ni haber ocupado puestos, se llamó a sí mismo el Hijo de Dios?*

– *Así es.*

El orador interpelado era Landon Saunders, cuya voz se difunde a través del programa radial *Heartbeat*. Nunca oí a otra persona contar la historia del Nazareno como él lo puede hacer.

– *¿Nunca viajó fuera de su patria, nunca cursó estudios en una universidad, nunca vivió en un palacio, y no obstante exigía que se le considere creador del universo?*

– *Exactamente.*

Me estaba poniendo algo nervioso este diálogo. Yo acababa de graduarme de mi carrera, dispuesto a todo, entusiasta. En esa serie de conferencias, me había ofrecido como ayudante, y había llegado con mi revólver evangelístico cargado con los versículos memorizados y las respuestas correctas. Pero había ido preparado para defender un estilo de vida, no a un Salvador. Yo estaba en condiciones de disputar acerca de la moral, la doctrina, el cielo y el infierno. No estaba preparado para discutir acerca de un hombre. Para mí Jesús había sido siempre alguien a quien yo simplemente aceptaba. Estas preguntas resultaban demasiado agresivas a mi fe virginal.

– *Y este asunto de la crucifixión... ¿El fue traicionado por sus compatriotas? ¿Ninguno de sus seguidores acudieron en su defensa? ¿Y luego le aplicaron la pena de muerte como a cualquier ratero de un depósito de chatarra?*

– *Esa es la esencia de la historia.*

El que preguntaba demostraba una curiosidad tan genuina que no era posible considerarlo un cínico ni hacerlo a un lado como a uno que trata de llamar la atención. Por el contrario, parecía que le asustara el hecho de atraer tanto las miradas. Su incomodidad revelaba su falta de experiencia en hablar en público. Pero su deseo de saber pesaba un poco más que su malestar, de modo que continuó.

– *Y luego de haberlo matado, ¿lo sepultaron en una tumba prestada?*

– *Así es. No tenía un lugar propio para ser sepultado, ni dinero para comprarlo.*

La sinceridad del diálogo mantenía presa del suspenso a la concurrencia. Me daba cuenta de que yo estaba presenciando una de esas raras ocasiones en que dos personas anhelan indagar en lo santo. Había allí dos hombres parados a ambos lados de un profundo abismo, uno preguntándole al otro si verdaderamente podía fiarse del puente que se extendía entre ambos.

Asomaba la emoción en la voz del estudiante al componer cuidadosamente la siguiente pregunta.

– *Y según lo que está escrito, ¿luego de tres días en el sepulcro resucitó y se les apareció a más de quinientas personas?*

— Sí.

— ¿Y todo eso lo hizo para demostrar que Dios todavía ama a su pueblo y abre un camino por el cual podamos regresar a él?

— Correcto.

Yo sabía cuál sería la siguiente pregunta. Todos los que estábamos presentes lo sabíamos. Podría haberse omitido. En el fondo de mi corazón, yo abrigaba la esperanza de que no se pronunciara.

— Todo eso, ¿no parece un poco. . . — se detuvo un instante buscando el adjetivo apropiado — . . . no parece un poco absurdo?

Todas las cabezas giraron en perfecta sincronización y miraron a Landon. Es decir, todas menos la mía. En mi caso parecía que la cabeza me daba vueltas por la necesidad de mirar a Jesús desde un nuevo ángulo. El cristianismo. . . ¿era absurdo? Jesús sobre su cruz. . . ¿era absurdo? Su Encarnación. . . ¿era absurda? Su Resurrección. . . ¿era absurda? El Jesús de mi Escuela Dominical se había desprendido del franelógrafo.

La respuesta de Landon fue simple.

— Sí, supongo que sí parece absurdo, ¿no?

No me gustó esa respuesta. No me gustó en absoluto. ¿Por qué no le explicaba al tipo ese que todo tenía sentido? Que le trace el diagrama de las dispensaciones. Que le detalle las profecías que se han cumplido. Que le explique la culminación de la antigua Ley. El Pacto. La Reconciliación. La Redención. Por supuesto que todo eso era coherente. ¡No le permita tildar de absurdos los actos de Dios!

Entonces comenzó a encenderse una luz en mí: lo hecho por Dios tiene sentido. Tiene sentido que Jesús se haya constituido en nuestro sacrificio, porque se necesitaba un sacrificio para justificar la presencia del hombre ante Dios. Tiene sentido que Dios usara la antigua Ley para enseñar a Israel su necesidad de la gracia. Tiene sentido que Jesús sea nuestro Sumo Sacerdote. Lo que Dios hizo tiene sentido. Puede ser enseñado, diagramado e incluido en los libros de teología sistemática.

Sin embargo, la razón por la cual Dios lo hizo es completamente absurda. Cuando uno deja de lado el método y examina el motivo, los cubos de lógica tan cuidadosamente apilados comienzan a derrumbarse. Esa clase de amor no es lógico; no puede esbozarse con nitidez en un sermón ni puede explicarse en un trabajo de investigaciones académico.

Piénselo. Durante miles de años el hombre, haciendo uso de todo su ingenio y encanto, trató de entablar amistad con Dios. Y durante miles de años logró que Dios se sienta defraudado más de lo que se siente enaltecido. Lo que el hombre hizo fue precisamente lo que había prometido que nunca haría. Fue un fracaso. Hasta los héroes más santos algunas veces se olvidaron de parte de quién estaban.

Algunas de las escenas que pinta la Biblia parecen más las aventuras de Simbad el Marino que historias para ser narradas en la Escuela Bíblica de Vacaciones. ¿Recuerda algunos personajes?

Aarón. Mano derecha de Moisés. Testigo de las plagas. Miembro de la "Expedición al lecho del Mar Rojo". Sacerdote santo de Dios. Pero si es tan impecable, ¿qué hace guiando a los israelitas que hacen piruetas junto al fuego que arde ante el becerro de oro?

Los hijos de Jacob. Los padres de las tribus de Israel. Bisnietos de Abraham. Pero si eran tan especiales, ¿por qué amordazaron a su hermano menor y lo enviaron a Egipto?

David. El hombre conforme al corazón de Dios. El rey del Rey. El vencedor del gigante y el autor de canciones. También es el tipo a quien se le empañaron los lentes por causa de un baño termal en una azotea. Desafortunadamente, el agua no era de él, ni tampoco era suya la mujer que estaba contemplando.

Y Sansón. Desvaneciéndose en el diván de Dalila, ebrio a causa del vino, el perfume y la luz tenue. El piensa: *Ella está poniéndose una ropa más cómoda.* Ella piensa: *Yo sé que guardé esas tijeras por aquí.*

Adán adornado con hojas de higuera y manchas de fruta prohibida. Moisés perdiendo el dominio sobre su vara así como sobre su mal genio. El rey Saúl buscando la voluntad de Dios en una bola de cristal. Noé borracho y desnudo dentro de su tienda.

¿Son éstos los escogidos de Dios? ¿Es éste el linaje real del Rey? ¿Eran éstos los que llevarían adelante la misión de Dios?

Es fácil ver lo absurdo que es.

¿Por qué no le dio la espalda a la humanidad? ¿Por qué no permitió que el globo terráqueo se escapara de su eje?

Aun cuando generaciones de personas le habían escupido el rostro, continuó amándolas. Luego que la nación de sus escogidos lo había despojado de su ropa y había hecho jirones su piel encarnada, murió por ellos igualmente. Y aun en la actualidad, cuando miles de millones han elegido prostituirse en pos de la coquetería del poder, la fama y la riqueza, él todavía los espera.

En realidad es inexplicable. No hay en ello una gota de lógica ni un trazo de racionalidad. Sin embargo, es justamente esa irracionalidad la que provee al evangelio de su mayor defensa. Pues sólo Dios podría amar de ese modo.

No sé qué habrá sido de aquel tipo del estado de Colorado que preguntó tanto. Desapareció con la misma celeridad con que había llegado. Pero yo tengo una deuda con él. Me hizo ver a Jesús como nunca antes lo había visto.

Al principio no lo reconocía. Supongo que lo que yo esperaba ver era un ser vestido de una amplia túnica con manos como la blanca seda. Pero era él. El león. El león de Judá. Emergió de un denso bosque de teología y ritualismo, y se recostó en un pequeño claro de la espesura. En su pata se veía una herida y en su melena manchas de sangre. Pero lo rodeaba tal realeza que imponía silencio aun a la brisa entre los árboles.

Realeza manchada de sangre. Un Dios con lágrimas. Un creador con corazón. Dios se hizo objeto de la burla de la tierra con el fin de salvar a sus hijos.

Qué absurdo es pensar que tanta nobleza caiga en tanta pobreza para compartir tantos tesoros con almas tan desagradecidas.

Pero eso es lo que hizo.

En realidad, lo único que es más absurdo que el regalo es nuestro testarudo desinterés en recibirlo.

LA ORACIÓN DE MARÍA

Dios, oh niño Dios. La más bella criatura de los cielos. Concebido por la unión de la gracia divina y nuestra desgracia. Que duermas bien. Que duermas bien. Báñate en la frescura de esta noche con su brillo de diamantes. Duerme bien, mientras allí cerca se cuece la ira en su propio ardor. Disfruta del silencio de la cuna, pues el ruido de la confusión retumba en tu futuro. Gusta de la dulce seguridad de mis brazos, pues pronto llegará el día en que no pueda protegerte.

Duerman bien, manitas chiquititas. Pues a pesar de pertenecer a un rey, no palparán raso ni poseerán oro. No, tus manitas están reservadas para más preciosos actos:

tocar la herida abierta de un leproso,

secar la fatigada lágrima de una viuda,

arañar el suelo de Getsemaní.

Tus manos, tan diminutas, tan tiernas, tan blancas, esta noche se cierran en el puño de un infante. No han sido destinadas a sostener un cetro ni a menearse desde un balcón. En vez de eso, están reservadas para un hierro romano que las fijará a una cruz romana.

Ojitos pequeñitos, duerman profundamente. Mientras puedan dormir. Pues pronto la visión borrosa dejará paso a la nitidez y verás el desastre que hemos hecho de tu mundo.

Verás nuestra desnudez, pues no podemos escondernos.

Verás nuestro dolor, pues no podemos sanar.

Oh, ojos que contemplarán la fosa más oscura del infierno y verán personalmente a su horrible príncipe... duerman, les ruego que duerman; duerman mientras les sea posible.

Quédate inmóvil, pequeña boquita. Quédate inmóvil, boca desde

donde procederá el mensaje de la eternidad.
Pequeña lengua que pronto llamará a los muertos,
que definirá la gracia,
que hará enmudecer a la necedad.

Labios como capullo de rosa, sobre los cuales cabalgan conducidos por la estrella un beso que es de perdón para aquellos que los creen y uno que es de muerte para aquellos que los rechazan, quédense aún inmóviles.

Y pequeños piececitos, descansen en la palma de mi mano. Pues tienen por delante muchos pasos difíciles que dar.

¿Sienten el sabor del polvo de las sendas que transitarán?

¿Sienten el frío del agua del mar que pisarán?

¿Se retraen ante la invasión del clavo que soportarán?

¿Temen el descenso abrupto por la escalera de caracol que lleva al dominio de Satanás?

Descansen, pequeños piececitos. Descansen hoy para poder caminar mañana con fortaleza. Descansen. Pues millones seguirán sus pisadas.

Y coranzoncito. . . corazón santo. . . que impulsas la sangre de la vida a través del universo: ¿Cuántas veces te quebrantaremos?

Te despedazarán las espinas de nuestras acusaciones.

Te carcomerá el cáncer de nuestro pecado.

Te doblegará el peso de tu propia tristeza.

Y te traspasará la lanza de nuestro rechazo.

Sin embargo, en esa hendidura, en esa separación final de músculo y membrana, en esa última emanación de sangre y agua, encontrarás descanso. Tus manos serán puestas en libertad, tus ojos verán la justicia, tus labios sonreirán, y tus pies te llevarán de vuelta a casa.

Y allí descansarás nuevamente. . . y esa vez será en el abrazo de tu Padre.

SUBIRSE POR LOS GAJOS O SENTARSE EN LAS RAMAS

José estaba firmemente ubicado sobre la rama de su árbol. Era gruesa, confiable e ideal para sentarse en ella. Era tan fuerte que él no temblaba cuando venían las tormentas, ni tampoco se sacudía al soplar los vientos. No, esta rama era digna de confianza y sólida, y José no tenía intención alguna de abandonarla.

Es decir, hasta que se le dijo que subiera a un gajo.

Sentado sobre su rama con esa sensación de seguridad, alzó la vista hacia el gajo adonde Dios quería que subiera. ¡En su vida había visto algo tan frágil! Se dijo: "Ese lugar no es apto para un hombre. No hay sitio para sentarse. No hay protección del mal tiempo. ¿Y cómo podría uno dormir pendiendo de una ramita temblorosa?" Se inclinó un tanto hacia atrás, recostándose sobre el tronco, y sopesó la situación.

El sentido común le decía que no subiera al gajo. "¿Concebido por el Espíritu Santo? ¡Eh, vamos!"

Su sentido de defensa propia le decía que no lo hiciera. "¿Quién me creerá? ¿Qué pensarán nuestras familias?"

La conveniencia le decía que no lo hiciera. "Justo cuando mis esperanzas se cifraban en echar raíces y criar hijos."

El orgullo le decía que no lo hiciera. "Si cree que voy a aceptar la fábula que ella ha inventado. . ."

Pero Dios le había dicho que tenía que hacerlo. Y eso es lo que le causaba malestar.

Le molestaba porque él estaba contento donde se encontraba. La vida junto al tronco era buena. Su rama era tan grande como para permitirle sentarse con comodidad. Allí se mantenía cerca de una cantidad de otros que se sentaban en las ramas. Y había hecho algunos aportes valiosos a la comunidad del árbol. Acaso, ¿no visitaba con regularidad a los enfermos en el Centro Médico Rama Norte? ¿Y era o no era el mejor tenor en el Coro de Cantantes Arbóreos? ¿Y qué decir de la clase sobre herencia religiosa que enseñaba, con justa razón llamada "Nuestro Árbol Genealógico"? Con toda seguridad Dios no querría que lo abandonara todo. Él tenía... diríamos... sus raíces allí.

Además de todo eso, él ya sabía qué clase de tipos son los que suben a las ramas verdes. Radicales. Extremistas. Liberales. Siempre extralimitándose. Siempre agitando el follaje. Tipos que tienen la cabeza llena de ideas raras en busca de la fruta extraña. ¿Para qué? Los equilibrados son los que aprendieron a quedarse cerca de lo acostumbrado sin interferir con lo que ya está bastante bien.

Tengo un presentimiento de que algunos de ustedes pueden tener un parentezco con José. Usted sabe cómo se siente, ¿no es cierto? Ha estado en esa situación. Se está sonriendo porque usted también una que otra vez ha sido llamado a aferrarse a una ramita. Conoce la inestabilidad que proviene de tener un pie en su voluntad y el otro en la de él. También usted ha hundido sus uñas en la corteza para sostenerse mejor. Demasiado bien conoce la nerviosidad que siente en el hueco del estómago cuando percibe que hay cambios en el aire.

Quién sabe si no hay cambios en la atmósfera en este mismo momento. Tal vez esté en medio de una decisión. Es algo que a uno lo desubica, ¿no es cierto? Le agrada su rama. Se ha acostumbrado a ella y ella a usted. Y, como José, ya se ha hecho bastante experto en sentarse en esa rama. Y entonces oye el llamado. "Necesito que te subas a aquella nueva ramita y

... definas tu posición. Algunas iglesias de la vecindad están organizando una campaña de protesta contra la pornografía. Necesitan más voluntarios."

... des un paso. Toma a tu familia y múdate al extranjero donde tengo un trabajo especial para ti."

. . . perdones. No interesa quién hirió primero a quién. Lo que importa es que tú vayas y construyas el puente."

. . . compartas el evangelio. ¿Notaste esa nueva familia en la cuadra? Ve y hazte conocer."

. . . ofrezcas un sacrificio. El hogar de niños tiene un pago de hipoteca que vence este mes. No pueden hacer frente a esa deuda. ¿Recuerdas la bonificación que recibiste la semana pasada?"

Sin tomar en cuenta el carácter del llamado, la consecuencia es la misma: guerra civil. Aunque su corazón diga sí, sus pies dicen no. Las excusas echan a volar tan abundantemente como las hojas doradas con el viento otoñal. "Ese no es mi talento." "Ya es hora de que alguna otra persona se haga cargo." "Ahora no. Mañana me dedicaré a eso."

Pero al fin se encuentra con la vista fija en un árbol deshojado y una difícil elección: ¿La voluntad de él o la de usted?

José hizo su elección. Al fin y al cabo, era en realidad la única elección posible. José sabía que peor que la aventura hacia lo desconocido había sólo una cosa: el pensamiento de rechazar a su Maestro. De este modo, resuelto, agarró la rama más pequeña. Apretando los labios y con el destello de la determinación en sus ojos, colocó una mano delante de la otra hasta quedar colgando en el aire teniendo como red de seguridad solamente su fe en Dios.

Según el rumbo que tomaron las cosas, los temores de José resultaron acertados. La vida ya no fue tan cómoda como había sido antes. La rama de la que se asió era francamente fina: el Mesías había de nacer de María y sería criado en el seno de su hogar. Durante nueve meses se aplicó duchas frías para que el bebé pudiera nacer de una virgen. Tuvo que desalojar a las ovejas y barrer los boñigos para que su esposa encontrara un sitio donde dar a luz. Se convirtió en un fugitivo de la ley. Pasó dos años tratando de comprender el idioma egipcio.

Algunas veces esa ramita se habrá sacudido con furia en el viento.

Pero José simplemente cerraba los ojos y seguía prendiéndose de ella. Pero de una cosa puede estar seguro: nunca le pesó haberse decidido. Dulce fue el premio de su valor. Una sola mirada hacia el rostro de la criatura celestial que intentaba los primeros pasos y ya estaba seguro de que lo haría nuevamente en un solo latido de su corazón.

¿Ha sido llamado usted a prenderse de una ramita por amor a Dios? Puede estar seguro de que no será fácil. Subir de gajo en gajo nunca ha sido fácil. Pregúntele a José. O, mejor aun, pregúnteselo a Jesús.

El conoce mejor que ningún otro el costo de pender de un árbol.

VEINTICINCO PREGUNTAS PARA MARÍA

¿Cómo era verlo orar? ¿Cómo reaccionaba cuando otros muchachos se daban a las risitas durante el servicio en la sinagoga? Cuando veía el arco iris, ¿mencionaba alguna vez un diluvio?

¿Te sentiste alguna vez un poco fuera de lugar al enseñarle cómo creó el mundo?

Cuando veía un cordero que era conducido al matadero, ¿cambiaba su comportamiento?

¿Le notaste alguna vez una expresión distante en el rostro, como si estuviera escuchando a alguien que tú no podías oír?

¿Cómo actuaba en los sepelios?

¿Se te ocurrió alguna vez pensar que el Dios a quien estabas orando dormía bajo tu techo?

¿Intentaste alguna vez contar las estrellas con él... y lograste hacerlo?

¿Alguna vez volvió a casa con un ojo amoratado?

¿Cuál fue su reacción cuando por primera vez le cortaron el cabello?

¿Tuvo amigos que se llamaran Judas?

¿Le iba bien en la escuela?

¿Alguna vez le diste una reprimenda?

¿Alguna vez tuvo que preguntar algo acerca de la Escritura?

¿Qué crees que pensó él al ver a una prostituta ofreciendo al mejor postor el cuerpo que él había creado?

¿Alguna vez se enojó cuando quisieron engañarlo?

¿Alguna vez lo viste mirándose pensativo la carne de su brazo mientras sostenía un terrón?

¿Se despertó alguna vez asustado?

¿Quién era su mejor amigo?
Cuando alguien hacía alusión a Satanás, ¿cómo reaccionaba?
¿Le llamaste alguna vez por equivocación "Padre"?
¿De qué conversaban él y su primo Juan cuando eran niños?
Sus demás hermanos, ¿entendían lo que sucedía?
¿Pensaste alguna vez: *Ese que está tomando mi sopa es Dios?*

NAVIDAD POR LA NOCHE

Es Navidad y se ha hecho de noche. La casa está en silencio. Aun el chisporroteo del hogar ha cesado. En el oscuro cuarto las brazas emiten un resplandor como la luz de un faro. Se ven vacías las envolturas de los regalos. El árbol de Navidad parece desnudo en su rincón. Las tarjetas navideñas, los adornos y los recuerdos traen a la memoria de la noche de Navidad lo que ha sido el día de Navidad.

Es Navidad por la noche. ¡Qué día hemos tenido! Bebidas especiales. Papá Noel. Postres de estación. "Muchísimas gracias." "¡No deberías haber gastado tanto!" "La abuela llama al teléfono." La montaña de papel de regalo nos llega a la rodilla. "Me quedó perfectamente bien." La fulguración de las cámaras.

Es Navidad por la noche. Las niñas están en cama. Jenna sueña con su muñeca que habla y aprieta en su mano la cartera nueva. Andrea duerme con el nuevo pijama estilo Papá Noel.

Es Navidad por la noche. El pino que ayer crecía en medio de regalos, crece nuevamente dentro de su base de árbol decorativo. Los regalos ahora son pertenencias. Las envolturas de regalos se han hecho a un lado y depositado en el cesto de la basura. La vajilla se ha lavado. Los restos de la carne asada quedan a la espera de los emparedados de la semana que viene.

Es Navidad por la noche. Los últimos cantantes de villancicos aparecieron en el informativo de las diez de la noche. Las últimas tajadas del postre navideño fueron engullidas por mi cuñado. Los discos navideños han sido guardados, habiendo ejecutado su cuota anual de canciones de temporada.

Es Navidad por la noche.

El reloj ha indicado la medianoche. Yo debiera estar durmiendo, pero estoy despierto. Me mantiene en vela un pensamiento pasmoso. El mundo se vio diferente en estos días. Se transformó temporalmente.

El polvo mágico de la Navidad por un brevísimo lapso puso destellos en las mejillas de la humanidad, trayéndonos a la memoria lo que sí vale la pena tener y para qué fuimos destinados. Olvidamos el impulso a conseguir, coquetear y competir. Nos apartamos de nuestra pista de carrera y nuestras montañas rusas y miramos a lo lejos hacia la estrella de Belén.

Es la temporada de la alegría porque, más que en ninguna otra, pensamos en él. Más que en cualquier otro período del año, su nombre está en nuestros labios.

¿Y cuál es el resultado? Durante unas pocas y preciosas horas nuestros anhelos celestiales se combinan y nos convertimos en un coro. Un coro entremezclado de estibadores, hombres de leyes, inmigrantes ilegales, amas de casa y miles de otras personas peculiares que coinciden en que el misterio de Belén es, en realidad, una realidad. "Venid y adoremos" cantamos, despertando hasta al más dormilón de los pastores y dirigiéndolos hacia el niño Jesús.

Durante unas pocas y preciosas horas se lo contempla a él. Cristo es el Señor. Los que pasan todo un año sin verlo, de pronto lo ven. Personas acostumbradas a emplear su nombre en vano se detienen para emplearlo en alabanzas. Ojos ahora libres de las anteojeras del yo se deslumbran ante su majestad.

De repente él está por todas partes.

En la sonrisa del policía que conduce el patrullero cargado de presentes para el orfanato.

En el destello en los ojos del taiwanés que sirve a las mesas mientras nos cuenta que en su próxima licencia navideña realizará un viaje para visitar a sus hijos.

En la emoción del padre que siente tanta gratitud que no puede terminar su oración pidiendo la bendición sobre la mesa de la cena.

Él está en las lágrimas de la madre que da la bienvenida a su hijo que vuelve a casa desde el extranjero.

Está en el corazón del hombre que pasó la mañana de Navidad en las villas pobres repartiendo emparedados de fiambre junto con deseos de felicidad.

Y está en el solemne silencio con que la muchedumbre de compradores en la feria callejera escucha al coro de una escuela primaria cantar "En el portal de Belén".

Emanuel. El está con nosotros. Dios se acercó.

Es Navidad por la noche. Unas pocas horas más y comenzará a hacerse la limpieza: se guardarán los adornos de Navidad, los arbolitos se echarán abajo. Las ropas regaladas se irán a cambiar por otro número, los manjares de Navidad se venderán a mitad de precio. Pronto la vida será nuevamente normal. La generosidad de diciembre dejará lugar a las cuotas de enero y la magia comenzará a desvanecerse.

Pero por el momento la magia continúa en el aire. Tal vez por eso todavía estoy despierto. Quiero saborear ese ambiente un poco más. Quiero orar por aquellos que lo contemplaron hoy, para que lo busquen el próximo agosto. No puedo menos que detenerme en un pensamiento quimérico: Si él puede hacer tanto con oraciones tan endebles ofrecidas a medias en el mes de diciembre, ¿cuánto más podría hacer si pensáramos en él cada día?

FUERA DE LA CARPINTERÍA

L a pesada puerta crujió sobre sus goznes cuando él empujó para abrirla. En unas pocas zancadas atravesó el taller silencioso y abrió los postigos de madera para dejar penetrar un haz cuadrangular de luz solar que horadó la oscuridad pintando un cuadro de claridad sobre el piso de tierra.

Echó un vistazo en derredor del taller de carpintería. Por un momento quedó parado en el refugio de la pequeña habitación que abrigaba tantos recuerdos. Meció el martillo en su mano. Dejó que su dedo resbalara por los agudos dientes del serrucho. Acarició la madera, suavizada por tanto uso, del caballete de aserrar. Había venido a despedirse.

Era tiempo de que se marchara. Había oído algo que le indicaba que era tiempo de irse. Por eso vino una última vez a aspirar el olor del aserrín y de la madera cortada.

La vida era tranquila aquí. La vida era tan. . . protegida.

Aquí había pasado innumerables horas de satisfacción. Sobre este piso de tierra había dado sus primeros pasitos mientras su padre trabajaba. Aquí le había enseñado José cómo sostener un martillo. Y sobre esta mesa de trabajo había confeccionado su primera silla.

Me pregunto qué pensó al dar la última mirada al taller. Quizá se detuvo un momento junto al banco observando las pequeñas sombras que arrojaban el formón y la viruta. Quizá oía voces del pasado que llenaban el aire.

— Has hecho un buen trabajo, Jesús.

— José, Jesús. ¡Vengan a comer!

— No se preocupe, caballero; terminaremos el trabajo para la fecha prevista. Le pediré a Jesús que me ayude.

Yo me pregunto si titubeó. Si sintió que se le desgarraba el corazón. Me pregunto si hizo rodar un clavo entre el pulgar y los dedos, como imaginando un futuro dolor.

En el taller de carpintería habrá sido donde dio a luz sus pensamientos. Aquí se entretejían conceptos y convicciones para formar el paño de su ministerio.

Casi podemos ver las herramientas de su oficio en sus palabras al hablar. Podemos ver la rectitud de una plomada al reclamar valores morales. Podemos oír el silbido de la garlopa al abogar por una religión despojada de tradiciones innecesarias. Podemos figurarnos dos tablas bien ensambladas cuando exige fidelidad en las relaciones. Podemos imaginarlo con lápiz y libro mayor cuando insiste en la honradez.

Aquí fue donde sus manos humanas dieron forma a la madera que sus manos divinas habían creado. Y fue aquí donde su cuerpo alcanzó el desarrollo mientras su espíritu esperaba el momento adecuado, el día adecuado.

Y ahora ese día había llegado.

Debe de haber sido difícil marcharse. Después de todo, su vida de carpintero no era tan mala. No era en absoluto mala. El negocio era bueno. El futuro parecía brillante y su trabajo era fácil de disfrutar.

En Nazaret se lo conocía solamente como Jesús, el hijo de José. Podemos estar seguros de que lo respetaban en el vecindario. Tenía habilidad en las manos. Tenía muchos amigos. Era el preferido de los niños. Sabía contar bien un chiste y era habitual que llenara el ambiente de risas contagiosas.

Me pregunto si querría quedarse. *Podría tener un negocio próspero aquí en Nazaret. Radicarme definitivamente. Tener familia e hijos. Ser un dirigente del pueblo.*

Me pregunto si se hacía estas preguntas porque sé que él había leído con anticipación el capítulo final. Sabía que esos pies que estaban por dar un paso hacia fuera de la carpintería no descansarían más hasta ser clavados y afianzados a una cruz de los romanos.

Es decir, él no estaba obligado a marcharse. La elección dependía de él. Podría haberse quedado. Podría haberse callado la boca. Podría haber hecho oídos sordos al llamado, o al menos postergarlo. Y si él hubiera elegido quedarse allí, ¿quién se habría enterado? ¿Quién lo habría culpado de ello?

El podría haber vuelto en forma de hombre en otra era, cuando la sociedad no fuera tan inestable, cuando la religión no estuviera tan rancia, cuando la gente escuchara mejor.

Podría haber vuelto cuando hubieran pasado de moda las cruces. Pero su corazón no se lo permitía. Si algún titubeo existía dentro de su humanidad, era anulado por la compasión en su divinidad. Su divinidad oía las voces. Su divinidad oía los desesperados gritos de los pobres, las amargas protestas de los abandonados, la continua frustración de los que tratan de salvarse a sí mismos.

Y su divinidad veía los rostros. Algunos arrugados. Algunos sollozantes. Algunos ocultos detrás de velos. Algunos ensombrecidos por el temor. Algunos sinceros en su búsqueda. Algunos inexpresivos por el hastío. Desde la cara de Adán hasta la carita del bebé que ha nacido en cualquier parte del mundo mientras usted está leyendo estas palabras, él vio todas las caras.

Y puede estar seguro de una cosa. Entre las voces que se colaron hasta el interior de aquella carpintería en Nazaret estaba la voz de usted. Sus oraciones silenciosas, murmuradas sobre su almohada humedecida por las lágrimas, fueron escuchadas antes de ser pronunciadas. Sus más profundos interrogantes acerca de la muerte y la eternidad fueron respondidos antes de ser formulados. Y su más extrema necesidad, su necesidad de un Salvador, fue suplida aun antes de que pecara.

Y no solamente lo escuchó; lo vio. El vio el rostro radiante que usted tenía la primera vez que llegó a conocerlo. El vio su rostro avergonzado la primera vez que cayó. La misma cara que lo miró desde el espejo esta mañana, también lo estaba mirando a él. Y eso era suficiente como para matarlo.

El abandonó la carpintería por causa de usted.

El abandonó su autoprotección al desprenderse del martillo. El colgó su vida pacífica en el perchero junto con el delantal donde se guardaban los clavos. El cerró los postigos por donde entraba el resplandor de sol de su juventud y la comodidad del anonimato. Como le era más fácil sobrellevar nuestros pecados de lo que le resultaba soportar nuestra condición desesperada, escogió marcharse. No era fácil. Nunca fue fácil abandonar la carpintería.

"LLÁMENME SIMPLEMENTE JESÚS"

Muchos de los nombres por los cuales se hace referencia a nuestro Señor en la Biblia son ni más ni menos que palaciegos y majestuosos: Hijo de Dios, Cordero de Dios, Luz del mundo, la Resurrección y la Vida, El que había de venir, Alfa y Omega.

Son frases que extienden los límites del lenguaje humano en el esfuerzo por atrapar lo inasible, la grandiosidad de Dios. Y por más que intentan acercarse cuanto sea posible, siempre quedan lejos. Cuando las oímos es algo parecido a escuchar en Navidad a la banda del Ejército de Salvación ejecutando el *Mesías de Haendel*. La intención es buena, pero no surte el efecto deseado. El mensaje es demasiado majestuoso para transmitirlo por ese medio.

Y eso es lo que pasa con el medio lingüístico. La frase "No hay palabras para expresarlo. . ." es en realidad la única que puede aplicarse francamente a Dios. No hay nombres que lo describan adecuadamente.

Pero hay un nombre que trae a la memoria una cualidad del Maestro que pasmaba y convulsionaba a quienes lo conocieron. Revela un aspecto de él que, si lo reconoces, es suficiente para echarte rostro en tierra.

No es demasiado pequeño ni demasiado grandioso. Es un nombre que le queda tan cómodamente como el zapato le quedó a Cenicienta.

Jesús.

Es el nombre que más comúnmente le aplican los evangelios: unas seiscientas veces. Y era de por sí un nombre popular. Jesús es la forma que se le dio en griego a Josué, Jesúa; los dos nombres conocidos por el Antiguo Testamento. Hubo por lo menos cinco sumos sacerdotes conocidos como Jesús. Los escritos del historiador Josefo hacen referencia a una veintena de personas de nombre Jesús. El Nuevo Testamento habla de Jesús Justo, amigo de Pablo,[1] y el mago de Pafos se llamaba Barjesús.[2] En algunos manuscritos se atribuye como primer nombre el de Jesús a Barrabás. "¿A quién queréis que os suelte: a Jesús Barrabás, o a Jesús que se llama el Mesías?"[3]

¿Qué importancia tiene? Jesús podría haber sido un "Pepito". Si Jesús hubiera venido hoy, su nombre podría ser Juan o Beto o Tito. Si él estuviera aquí hoy, es improbable que se distanciara con un nombre altisonante como el Reverendo Santidad de la Divinidad Angelical III. No, cuando Dios escogió el nombre que llevaría su hijo, escogió un nombre humano.[4] Eligió un nombre tan común como esos que aparecen dos o tres veces en el registro de alumnos de cualquier institución.

En otras palabras, "El Verbo se hizo carne", como dijo Juan.

Uno podía tocarlo, acercarse, llegar a él. Si él estuviera en el mundo hoy, posiblemente no lo reconoceríamos al caminar entre los pasillos de un mercado. Ni su vestimenta ni sus joyas lograrían que las cabezas giraran para observarlo.

"Llámenme simplemente Jesús", casi podemos oírlo decir.

El era la clase de amigo que invitaría a su casa para mirar el partido televisado. El jugaría a la lucha sobre el piso con sus hijos, dormitaría sobre su sofá, y cocinaría sobre su asador. Se reiría de los chistes de usted y contaría algunos de los suyos. Y al hablar usted, él escucharía como si tuviera todo el tiempo de la eternidad.

Y una cosa es segura: volvería a invitarlo.

Merece destacarse que aquellos que lo conocían mejor lo recordaron como Jesús. Los títulos "Jesucristo" y "Señor Jesús" se encuentran sólo seis veces. Los que anduvieron con él lo recorda-

---

1 Colosenses 4:11
2 Hechos 13:6
3 Mateo 27:17
4 Mateo 1:21

ron no con un título o un tratamiento honorífico, sino con un nombre: Jesús.

Pensemos en lo que esto implica. Cuando Dios decidió revelarse a la humanidad, ¿qué medio utilizó? ¿Un libro? Eso fue secundario. ¿Una iglesia? Esa fue una consecuencia. ¿Un código moral? Reducir la revelación de Dios a una fría lista de "harás" y "no harás" resulta tan trágico como decir que uno ha visto las Montañas Rocosas sólo por haber examinado un mapa de las rutas del Estado de Colorado.

Cuando Dios decidió revelarse a sí mismo, lo hizo — ¡oh, sorpresa! — mediante un cuerpo humano. La lengua que llamó a los muertos a la vida fue una lengua humana. La mano que tocó al leproso tenía tierra debajo de las uñas. Los pies sobre los cuales una mujer derramó lágrimas tenían callos y polvo. Y sus propias lágrimas. . . oh, no olvide sus lágrimas. . . tenían origen en un corazón tan dolorido como nunca se ha sentido el suyo ni el mío.

"Porque no tenemos un sumo sacerdote que no pueda compadecerse de nuestras debilidades."[1]

Por eso la gente venía a él. ¡De qué modo llegaban! Venían de noche; lo tocaban al caminar él por las calles; lo seguían bordeando el lago; lo invitaban a sus casas y traían a sus niños a sus pies. ¿Por qué? Porque él se negó a ser una estatua en una catedral o un sacerdote sobre un púlpito elevado. Eligió en cambio ser Jesús.

No hay indicio alguno de que una persona haya tenido miedo de acercarse a él. Había quienes se burlaban de él. Había quienes le tenían envidia. Había quienes lo interpretaban mal. Había quienes lo honraban. Pero no hubo ni una persona que lo considerara demasiado santo, demasiado divino o celestial como para tocarlo. *No hubo una sola persona que por miedo al rechazo se desanimara de acercarse a él.*

Recuerde eso.

Recuerde eso la próxima vez que se encuentre perplejo ante sus propios fracasos.

---

1 Hebreos 4:15

O la próxima vez que la lluvia ácida de las acusaciones perfore su alma.

O la próxima vez que vea una fría catedral o llegue a sus oídos una liturgia sin vida.

Recuerde. El hombre es quien crea las distancias. Jesús es quien construye el puente.

"Llámenme simplemente Jesús."

MUJERES DE INVIERNO

I

Las plañideras fúnebres no hicieron que se detuviera. Ni tampoco la gran muchedumbre, ni el cuerpo del muerto sobre la camilla. Fue la mujer: la expresión de su rostro y la rojez de sus ojos. El se dio cuenta inmediatamente de lo que sucedía. Ese que llevaban hacia las afueras era su hijo, su único hijo. Si alguien conoce el dolor que acarrea la pérdida de un hijo único, es Dios mismo.

Por tanto hizo lo que hizo: entró en acción. "No llores", le dijo a la madre. "Levántate", le dijo al hijo. El muerto habló, el diablo huyó y la gente recordó esta verdad: Para aquellos que conocen al Autor de la Vida, la muerte no es más que el truco del hombre muerto en el simulacro de Satanás.[1]

II

Su plan era dormitar brevemente mientras los muchachos iban a la aldea en busca de algo para comer. Y qué lugar puede ser mejor para descansar al mediodía que el brocal de un pozo. Nadie va a buscar agua a esta hora. Así que se sentó, estiró los brazos, y se recostó contra el brocal. Pero su siesta fue interrumpida muy pronto. Abrió un ojo sólo lo suficiente como para verla a ella esforzándose sendero arriba con un pesado jarrón sobre el hombro. Detrás de ella venía media docena de chiquillos, cada uno parecido a un papá distinto.

Ella no necesitaba decir una sola palabra. La historia de su vida estaba escrita en las arrugas del rostro. Las heridas de cinco romances rotos estaban abiertas y supuraban. Cada uno de los que la habían

---

1 Lucas 7:11-17

abandonado se había llevado un trozo de su corazón. No estaba segura de que ahora le quedara algo.

"Y el hombre con quien vives ahora ni siquiera te dará su apellido", dijo Jesús ahorrándole a ella las palabras. El entendía su dolor cabalmente. Mucho más de cinco hombres habían faltado a la palabra empeñada a él.

Silenciosamente el Cirujano Divino metió la mano donde guardaba su instrumental y sacó una aguja de fe y un hilo de esperanza. A la sombra del pozo de Jacob unió nuevamente el alma desgarrada de ella. "Llegará un día. . ." musitó.[1]

III

Para cuando ella llegó a Jesús, ya no le quedaba nada. Los médicos se habían llevado su último céntimo. El diagnóstico le había robado la última esperanza. Y la hemorragia le había arrebatado la última gota de energía. No tenía más dinero, ni más amigos, ni más opciones. Sujetando la punta del hilo de su vida con una mano y un ala y una oración en su corazón, se abrió paso en la multitud.

Cuando su mano tocó la vestidura de él, tuvo lugar una transfusión. El sintió que algo salía y ella sintió que algo entraba.

A Jesús no le molestaba que la mujer acudiera a él como último recurso. A él sólo le importaba que ella hubiera venido. El sabe que algunos de nosotros necesitamos ver mucha realidad concreta para recobrar los sentidos, así que no nos controla mediante un reloj marcador de tiempo. Los que ingresan escurriéndose justo antes del toque de salida reciben el mismo jornal que los que le ganan en puntualidad a la alarma matutina. Supongo que eso es lo que hace que la gracia sea gracia.[2]

Tres mujeres. Una despojada por la muerte. Otra por el rechazo. La otra por la enfermedad. Todas solas.

Solas en el invierno de la vida.

Si bien no sabemos cómo sería su aspecto, habría razones para

1 Juan 4:1-42
2 Lucas 8:43-47

suponer que habían pasado la edad de ser muy deseables. Las únicas cabezas que giraban para verlas pasar por la calle eran las que se meneaban de lástima. Una de las tres había quedado sin marido y sin hijo; la otra había perdido su inocencia seis dormitorios atrás; y la tercera estaba en bancarrota, desesperada y moribunda. Si Jesús no les hubiera prestado atención, ¿quién se habría dado cuenta? Dentro de una sociedad en que las mujeres contaban uno o dos puntos más en la escala que una bestia doméstica, ninguno hubiera valorado menos a Jesús por pasar en silencio al costado del cortejo fúnebre, o por cerrar los ojos y recostarse contra el brocal, o por disimular el tirón de su ropa. Después de todo ¡sólo eran mujeres!

Arruinadas,
    arrugadas,
    agobiadas.
        Mujeres de invierno.

Que Jesús las deje no más, uno podría pensar. Que busque personas que conserven un poco de aire primaveral.

Según los ideales mundanos, estas tres no podían ofrecer ninguna gratificación. Ya habían hecho su recorrido: dado a luz hijos, alimentado a sus familias, complacido a sus hombres. Ahora había llegado el momento de echarlas al frío de la noche hasta que murieran dejando lugar a las jóvenes e intactas.

Ahí fue donde las encontró Jesús. Temblando en la helada cellisca de la inutilidad.

El desapacible invierno de la vida.

¿Suena conocido? Por supuesto que sí. Nosotros tenemos nuestra propia gente de invierno. Gente que por faltarle un aspecto atractivo o suficiente poder adquisitivo, en nuestras diversiones deambulan de aquí para allá como puercoespines, sin que nadie los quiera ni pueda acercarse a ellos.

¿Parece difícil de creer?

Alguna vez visite una escuela secundaria y observe a los adolescentes que ya sienten el escalofrío de los vientos del rechazo. Es fácil encontrarlos. Son los que tienen acné, o pelo graso, o zapatos deteriorados; comen su merienda a solas y los fines de semana se quedan en casa. Son los satélites de las estrellas de la clase, anhelando ser aceptados, pero cada día más convencidos de que no lo merecen. O piense en los que no han nacido aún. Cada veinte segundos se sustrae uno del cómodo calor de la matriz y se arroja al frío lago del egoísmo. A pesar de las frases técnicas que se emplean para que la acción no tenga tan feo sabor, como "poner término a un embarazo" en vez de "aborto", "embrión" en vez de "criatura no nacida aún", "producto de concepción" en vez de "bebé", la acción es deplorable. En el fondo se trata de la negación del valor inherente del ser humano.

Podría agregarse párrafo tras párrafo. Párrafos acerca de cuadriplégicos, acerca de víctimas del SIDA, o de enfermos incurables. Padres solteros. Alcohólicos. Divorciados. Ciegos. Todos son expulsados de la sociedad. Leprosos, raros engendros. Todos, en mayor o menor medida, esquivados por "los normales del mundo".

La sociedad no sabe qué hacer con ellos. Y, tristemente, tampoco la Iglesia sabe qué hacer con ellos. A menudo podrían encontrar una bienvenida más cordial en el bar de la esquina que en una clase bíblica de la iglesia.

Pero Jesús encontraría lugar para ellos. El les encontraría lugar porque le importan. Y se interesa por ellos incondicionalmente.

No, nadie habría culpado a Jesús por pasar por alto a las tres mujeres. Haberles dado la espalda hubiera sido mucho más fácil, menos discutible, y de ningún modo tan peligroso. Pero Dios, que las hizo, no podía proceder así. Y nosotros, los que le seguimos, tampoco podemos.

CUANDO DIOS SUSPIRÓ

Hace dos días leí una palabra en la Biblia que se ha instalado en mi corazón desde entonces. Para ser sincero, diré que no sabía bien qué pensar de ella. Es sólo una palabra, y en sí no es complicada. Cuando tropecé con esta palabra (dicho sea de paso que eso es exactamente lo que sucedió: yo leía apresuradamente el pasaje cuando esta palabra apareció imprevistamente y me golpeó como un obstáculo en mi carrera), no sabía cómo tomarla. No tenía un gancho donde colgarla ni un rubro donde catalogarla.

Es una palabra enigmática en un pasaje enigmático. Pero ahora, pasadas cuarenta y ocho horas, le he encontrado ubicación; un lugar que es apropiado. Vaya, ¡qué palabra! No la lea a menos que no le moleste tener que cambiar de idea, porque esta palabrita podría desacomodar un poco su mobiliario espiritual.

Lea el pasaje conmigo.

> Luego salió Jesús de la región de Tiro y se dirigió por Sidón al mar de Galilea y a la región de Decápolis. Allí le llevaron un hombre que era sordo y hablaba con dificultad, y le suplicaron que pusiera la mano sobre él. Jesús se lo llevó a un lado, aparte de la multitud, e introdujo los dedos en las orejas del sordo. Luego escupió y le tocó la lengua. Miró al cielo y, suspirando profundamente, le dijo: "¡*Efata!*" (que significa: "¡Abrete!"). Con esto, se le abrieron los oídos al hombre, se le desató la lengua y comenzó a hablar bien.[1]

---

1 Marcos 7:31-35

Qué pasaje, ¿verdad?

A Jesús se le presenta un hombre que es sordo y tiene un impedimento en el habla. Podría ser que tartamudeara. Podría ser que ceceara. Podría ser que, a causa de su sordera, nunca haya aprendido a articular correctamente las palabras.

Jesús, negándose a sacar ventajas personales de la situación, llevó al hombre aparte. Lo miró a la cara. Sabiendo que sería inútil hablar, le explicó mediante gestos qué estaba por hacer. Escupió y tocó la lengua del hombre indicándole que, sea lo que fuere, lo que entorpecía su habla estaba a punto de ser desalojado. Tocó sus oídos. Por primera vez éstos estaban a punto de oír.

Pero antes de que el hombre haya dicho una palabra o haya oído un sonido, Jesús hizo algo que yo nunca hubiera imaginado.

Suspiró.

Lo que yo podría haber previsto sería un aplauso o una canción o una oración. También un "¡Aleluya!" o una breve enseñanza podrían haber sido oportunas. Pero el Hijo de Dios no hizo ninguna de estas cosas. En lugar de eso hizo una pausa, alzó la vista al cielo, y suspiró. De las profundidades de su ser fluyó un torrente de emoción que decía más que las palabras.

Suspiro. Esa palabra me pareció fuera de lugar.

Nunca me había imaginado a Dios como capaz de suspirar. Yo podía figurarme a Dios como un ser que imparte órdenes. Podía figurarme a Dios como un ser que llora. Podía figurarme a Dios llamando a los muertos ordenándoles que salgan de la tumba, o creando el universo con una palabra, pero. . . ¿Dios suspirando?

Tal vez esta frase captó mi atención porque yo cumplo con mi cuota diaria de suspiros.

Suspiré ayer cuando visité a una señora cuyo marido inválido había desmejorado tanto que no me reconoció. Creyó que yo quería venderle algún producto.

Suspiré cuando la niña de seis años en el almacén, con cara sucia y abrigo insuficiente, me pidió cambio.

Y suspiré hoy al escuchar a un marido que me contaba que su esposa no quiere perdonarlo.

Sin duda usted ha cumplido con su cuota de suspiros. Si tiene hijos adolescentes, probablemente ha suspirado. Si ha tratado de resistir una tentación, probablemente ha suspirado. Si han puesto en tela de juicio sus motivos o si han rechazado sus mejores demostraciones de amor, se vio en la necesidad de tomar una profunda bocanada de aire y de dejar escapar un doliente suspiro.

Soy consciente de que existe un suspiro de alivio, un suspiro de ansiosa espera, y también un suspiro de gozo. Pero ninguno de esos es el suspiro presentado en Marcos 7. El suspiro en cuestión es una combinación híbrida de frustración y tristeza. Se ubica en un punto entre un arranque de enojo y un estallido de llanto.

El apóstol Pablo habló de esta clase de suspiro. Dos veces declaró que los cristianos suspiraremos mientras estemos en la tierra anhelando el cielo. La creación lanza suspiros como si estuviera de parto. Aun el Espíritu suspira interpretando nuestras oraciones.[1]

Todos estos suspiros provienen de la misma angustia: el reconocimiento de un dolor que no esperábamos o de una esperanza que se demora.

El hombre no fue creado para estar separado de su creador, por tanto suspira añorando su hogar.

La creación nunca debió ser habitada por el mal, por tanto suspira echando de menos aquel Huerto. Y las conversaciones con Dios no debían depender de un traductor según el plan original, por tanto el Espíritu gime a favor de nosotros, esperando el día en que los seres humanos vean a Dios cara a cara.

Y cuando Jesús miró a la víctima de Satanás a los ojos, la única cosa apropiada para hacer era suspirar. El suspiro significaba: "Nunca se planeó de esta manera. Tus oídos no fueron creados para ser sordos, tu lengua no fue creada para tropezar." El desequilibrio de todo el sistema provocó el lánguido gemido del Maestro.

Así encontré un lugar para esta palabra. Puede parecerle extraño a usted, pero la coloqué al lado de la palabra *consuelo*, porque de un modo indirecto, el dolor de Dios es nuestro consuelo.

---

1 2 Corintios 5:2-4; Romanos 8:22-27

Y en la agonía de Jesús descansa nuestra esperanza. Si él no hubiera suspirado, si él no hubiera sentido el peso de aquello que no obedecía al propósito original, estaríamos en una condición lamentable. Si él lo hubiera anotado todo en el registro de lo inevitable o se hubiera lavado las manos de todo este hediondo revoltijo, ¿qué esperanza tendríamos?

Pero no hizo eso. Ese santo suspiro nos confirma que Dios todavía gime por su pueblo. Gime anhelando el día en que cesen todos los suspiros, en que se concrete lo que se había propuesto.

LA PREGUNTA AL BORDE DEL PRECIPICIO

La enfermera preguntó cómo había pasado la noche.

Los cansados ojos del joven respondieron la pregunta antes de que pudieran hacerlo sus labios. Había sido prolongado y difícil. Las vigilias siempre son así. Pero lo son más aun cuando uno acompaña a su propio padre.

"No se despertó."

El hijo se sentó al borde de la cama reteniendo la mano que tantas veces había sostenido la suya. Tenía miedo de soltarla por temor de que hacer eso diera ocasión de trastrabillar más allá del límite al hombre que tanto amaba. La había retenido durante toda la noche mientras los dos estaban al borde del precipicio, conscientes del último paso que aguardaba sólo unas horas más allá.

Con palabras que la turbación pintaba de negro, sintetizó los temores que habían sido sus compañeros en la oscuridad. "Sé que tiene que suceder", expresó el hijo en su angustia, contemplando el rostro ceniciento de su padre. "Simplemente no sé por qué."

El desfiladero de la muerte.

Es un desfiladero solitario. La tierra seca está agrietada y yerma. Un sol inflamante calienta el viento que ulula fantasmal y aguijonea despiadado. Las lágrimas queman y las palabras llegan lentamente cuando los visitantes se ven forzados a contemplar la profundidad del barranco. El fondo de la fisura es invisible y la orilla opuesta es inalcanzable. No se puede evitar preguntarse qué es lo que se oculta en la oscuridad. Y no se puede evitar el anhelo de retirarse.

¿Ha estado usted en ese lugar? ¿Lo han llamado a pararse sobre el fino trazo que separa los vivos de los muertos? ¿Ha pasado la noche en vela observando los aparatos que bombean aire para que entre y salga de los pulmones? ¿Ha presenciado cómo la enfermedad corroe y atrofia el cuerpo de un amigo? ¿Ha permanecido en el cementerio mucho después que los demás se hubieron ido, mirando con incredulidad el ataúd que contiene el cuerpo que contenía a aquel que usted no puede creer que haya partido?

Si es así, entonces este desfiladero no le es desconocido. Ha oído el solitario silbido de los vientos. Ha escuchado las doloridas preguntas ¿por qué? y ¿para qué? retumbando sin respuesta desde las barrancas del gran cañón. Y ha pateado las piedras flojas al borde del precipicio esperando escuchar su ruido de al estrellarse, pero nunca llegó.

El joven padre estrujó el cigarrillo contra el cenicero plástico. Estaba solo en la sala de espera del hospital. ¿Cuánto tiempo durará? ¡Todo había sucedido tan rápido! Primero vinieron los avisos desde el hospital, luego la carrera desesperada hasta la sala de emergencia y después la explicación de la enfermera.

— Su hijo fue atropellado por un automóvil. Tiene algunas heridas serias en la cabeza. Está en el quirófano. Los médicos están intentando todo lo posible.

Otro cigarrillo.

— Dios mío — las palabras del padre eran apenas audibles—. Tan sólo tiene cinco años.

Estar de pie al borde del precipicio coloca en perspectiva toda una vida. Lo que sí importa y lo que no se distingue fácilmente. Sobre el filo del gran cañón nadie se preocupa por remuneraciones o cargos. Ninguno le pregunta qué automóvil posee o en qué sector de la ciudad vive. Cuando los envejecidos seres humanos se encuentran al lado de este abismo intemporal, todos los juegos y disfraces de la vida toman una apariencia tristemente ridícula.

Aconteció en un instante ígneo.

— ¿Dónde está la nave? — sonó el grito de un ingeniero espacial en Cabo Cañaveral.

— ¡Oh, Dios mío! — exclamó un maestro desde uno de los observatorios de las cercanías —. No permitas que suceda lo que me parece que ha sucedido.

Desconcierto y horror recorrieron la nación a toda carrera mientras parados al borde del desfiladero veíamos a siete de nuestros mejores desintegrarse ante nuestros ojos al explotar en una bola de fuego blanca y naranja el transbordador espacial.

Una vez más vino a nuestra memoria que aun en el punto culminante de nuestra tecnología, todavía somos alarmantemente frágiles.

Es posible que esté leyendo este libro alguien que marcha sobre el borde del desfiladero. Una persona que ama tiernamente ha sido llamado hacia lo desconocido y usted se quedó solo. Solo con sus temores y solo con sus dudas. Si éste es su caso, le ruego que lea el resto de este capítulo muy cuidadosamente. Analice con detenimiento la escena descrita en el Evangelio según San Juan capítulo 11.

En esta escena se encuentran dos personas: Marta y Jesús. Y para lo que cuenta en la práctica, son las únicas dos personas en el universo.

Las palabras de ella estaban llenas de desesperación: "Si hubieses estado aquí. . ." Con ojos turbados mira fijamente el rostro del Maestro. Había contenido sus sentimientos bastante tiempo; a estas alturas el dolor era demasiado intenso. Lázaro estaba muerto. Su hermano se había ido. Y el único hombre que podría haber logrado un cambio de circunstancias, no lo había hecho. Ni siquiera había llegado a tiempo para las exequias. Hay algo en el hecho de la muerte que nos hace acusar a Dios de traición. "¡Si Dios estuviera presente, no existiría la muerte!" es lo que aseguramos.

Fíjese que si Dios es Dios en alguna parte, tiene que ser Dios enfrentando la muerte. La sicología popular puede dar respuestas para la depresión. Las conferencias animadoras pueden dar respuestas para el pesimismo. La prosperidad puede hacerse cargo del hambre. Pero sólo Dios puede hacerse cargo de nuestro postrer dilema: la muerte. Y sólo el Dios de la Biblia se ha atrevido a pararse al borde del abismo para ofrecer una respuesta. El tiene que ser Dios frente a la muerte. De otro modo, no es Dios en ninguna otra parte.

Jesús no estaba enfadado con Marta. La paciencia de él podría haber sido la razón por la cual ella cambió su tono de frustración por uno de intensa expectativa.

— Sé ahora que todo lo que pidas a Dios, él te lo dará.

Entonces Jesús hizo una de esas aseveraciones que lo destinan, ya sea al trono, o al manicomio:

— Tu hermano resucitará.

Marta entendió mal. (¿A quién no le hubiera pasado lo mismo?)

— Yo sé que resucitará en la resurrección en el día postrero.

Eso no era lo que Jesús había querido decir. No se distraiga del contexto de las palabras siguientes. Imagínese el escenario. Jesús ha invadido el campo del enemigo; está pisando territorio de Satanás: el Abismo de la Muerte. Se le revuelve el estómago cuando percibe el hedor sulfúrico del ex ángel, y se contrae al oír los lamentos sofocados de aquellos atrapados en la prisión. Satanás ha estado por aquí. Ha violado una de las creaciones de Dios.

Aplastando con su pie la cabeza de la serpiente, Jesús habla en un tono de voz tan potente que los barrancos devuelven como eco sus palabras.

— Yo soy la resurrección y la vida; el que cree en mí, aunque esté muerto, vivirá. Y todo aquel que vive y cree en mí, no morirá eternamente.[1]

Este es un punto crucial en la historia. Se ha detectado una grieta en la armadura de la muerte. Se han exigido las llaves de las celdas de la muerte. Los buitres se dispersan y los escorpiones se escabullen cuando la Vida enfrenta a la muerte... ¡y la vence! El viento se detiene. Una nube encubre al sol y un pájaro gorjea a la distancia mientras una víbora humillada se escurre entre las piedras y desaparece bajo la superficie.

Queda preparado el escenario para un duelo en el Calvario.

Pero Jesús no ha terminado de hablar con Marta. Clavando sus ojos en los de ella, le dirige la más grande de las preguntas halladas en la Escritura, una pregunta destinada a usted y a mí tanto como a Marta.

— ¿Crees esto?

¡Paf! Ahí está. Lo más fundamental. La dimensión que separa a Jesús de miles de adivinos y profetas que han venido desfilando. La

1 Juan 11:25

pregunta que impulsa a cualquier receptor responsable a una obediencia absoluta o a un terminate rechazo de la fe cristiana.

— ¿Crees esto?

Permita que esta pregunta penetre en su corazón por un minuto. ¿Cree que un joven itinerante sin un centavo es mayor que su propia muerte? ¿Cree francamente que la muerte no es más que el camino de acceso a una nueva autopista?

— ¿Crees esto?

Jesús no propuso esta pregunta como un tema de debate para clases de estudios bíblicos. No fue destinada a ser analizada mientras nos doramos con la luz del sol que se filtra a través de vitrales de color, o mientras nos acomodamos en mullidas butacas.

No. Esta es una pregunta para el borde de un despeñadero. Una pregunta que cobra sentido sólo durante la vigilia de una noche entera o en el silencio de las salas de espera que se llenan de humo de cigarrillo. Una pregunta que se capta cuando todos nuestros puntos de apoyo, nuestras muletas y nuestros disfraces nos son arrebatados. Porque entonces debemos enfrentarnos con nosotros mismos tal como realmente somos: humanos sin timón zigzagueando a la deriva hacia el desastre. Y nos vemos forzados a considerarlo a él como lo que él afirma ser: nuestra única esperanza.

A raíz de su desesperación tanto como de su inspiración, Marta dijo que sí. Al estudiar la cara bronceada del carpintero galileo, algo le insinuó que probablemente nunca se aproximaría más a la verdad de lo que estaba en ese preciso momento. Así, puso su mano en la de él y permitió que él la condujera lejos del borde del precipicio.

— Yo soy la resurrección y la vida. ¿Crees esto?

HISTORIA DE DOS ÁRBOLES

I

Masas sin forma. Flotantes. Inconexas. Artista divino. Ensueño terrestre. ¡Luz! Rayos de sol filtrados a través de árboles selváticos. Volcánicos ocasos con explosiones de oro. Suaves láminas de brillo lunar apaciguando a un océano fatigado. ¡Seres! Resoplando. Volando. Salpicando. Balando. Royendo. Arañando. Cavando. ¡Sonido! Golpeteo de cascos equinos. Graznido de cuervos. Risa de hienas. Cañonazos de trueno. Piar de polluelos. Golpeteo de lluvia. La nada convertida. Luego silencio... mientras un Escultor invisible moldea lodo y polvo. Leones observan inmóviles. Gorriones sobre las ramas clavando un ojo en el suelo. Nubes deambulando. Canguros averiguando. Caribúes curioseando. Ciempieses husmeando.

— ¿Qué está haciendo él?

— ¿Un animal?

Jirafas espiando entre las hojas. Ardillas chachareando. Deteniéndose. Preguntándose. Parloteando.

— ¿Una montaña?

Una súbita ráfaga, asombrosamente cálida, silba entre las hojas esparciendo polvo desde la forma sin vida. Y con el soplo del aire nuevo viene la diferencia. Con las alas del cálido viento aparece su imagen. Se despliega la risa en las mejillas esculpidas. Un depósito de lágrimas se almacena en el alma. Se salpican destellos para los ojos. Poesía para el espíritu. Lealtad. Como hojas en la brisa otoñal, flotan, se posan y se absorben. Los dones llegan a ser parte de él.

Su Majestad se sonríe ante su imagen. "Esto es bueno."
Los ojos se abren.
Unidad. Creador y ser creado caminando en la ribera del río. Risa.
Pureza. Gozo inocente. Vida sin fin.
Luego el árbol. La lucha. La serpiente. La mentira. La incitación. El corazón desgarrado, seducido. El alma atraída hacia el placer, la independencia, la importancia. Agonía interior. ¿La voluntad de quién? La elección. Muerte de la inocencia. Ingreso de la muerte. La caída. Manchas de lágrimas entremezcladas con manchas de fruta.

II

La Búsqueda.
— Abram, ¡darás paternidad a una nación! Y Abram, algo más: di a la gente que la amo.
— Moisés, ¡tú libertarás a mi pueblo! Y Moisés, algo más: di al pueblo que lo amo.
— Josué, ¡tú guiarás a los escogidos! Y Josué, algo más: diles que los amo.
— David, ¡tú reinarás sobre la nación! Y David, algo más: dile que la amo.
— Jeremías, ¡tú llevarás noticias de opresión! Pero algo más, Jeremías: recuérdales a mis hijos, recuérdales que los amo.
Altares. Sacrificios. Rebelarse. Volver. Reaccionar. Arrepentirse. Romance. Tablas de piedra. Jueces. Pilares. Derramamiento de sangre. Guerras. Reyes. Gigantes. Ley. Ezequiel. Nehemías. Oseas. . . Dios observando, nunca dando la espalda, siempre amando, siempre añorando tener nuevamente el Huerto.

III

Trono vacante. Espíritu que desciende. Angeles que guardan silencio.
Una doncella. . .
　　una matriz. . .
　　　un huevo.
El mismo Artista divino forma otra vez un cuerpo. Esta vez el suyo

propio. Divinidad de carne. Capas de piel sobre el espíritu. Omni-
potencia con cabello. Uñas. Nudillos. Muelas. Rótulas. Una vez más
camina con el hombre. Pero el jardín es ahora espinoso. Espinas que
laceran, espinas que inyectan veneno, espinas que quedan enquista-
das dejando amargas heridas. Desarmonía. Enfermedad. Traición.
Miedo. Culpa.

Los leones no se detienen ya. Las nubes no deambulan ya. Los
pájaros se dispersan demasiado de prisa. Desarmonía. Competencia.
Ceguera.

Y, una vez más, un árbol.

Una vez más la lucha. La serpiente. La incitación. El corazón
desgarrado, seducido. Una vez más la pregunta: "¿La voluntad de
quién?"

Luego la elección. Manchas de lágrimas se entremezclan con
manchas de sangre. Amistad restaurada. Un puente construido.

Una vez más él se sonríe. "Esto es bueno."

Porque por cuanto la muerte entró por un hombre,
también por un hombre la resurrección de los muertos.
Porque así como en Adán todos mueren, también en
Cristo todos serán vivificados.[1]

1 1 Corintios 15:21, 22

NO FUE UN ACCIDENTE

T iene todos los ingredientes de una buena ilustración para un sermón. Es emocionante. Es dramática. Y es una historia que parte el corazón. Sólo la providencia sabe cuántas veces ha sido relatada por los predicadores.

Hay un problema solamente. No es exacta.

Tal vez la ha escuchado usted.

Es la historia de un ingeniero que manejaba un puente levadizo sobre un río torrentoso. Desde un tablero de control de palancas y llaves conmutadoras, ponía en acción un conjunto descomunal de engranajes que elevaban el puente para dar paso al tráfico fluvial o lo bajaban permitiendo el cruce del tren que se aproximaba.

Un día llevó a su pequeño hijo al lugar de su trabajo. El niño, fascinado, lanzaba pregunta tras pregunta a su padre. Sólo cuando el tramo central se había alzado lo suficiente para permitir que un barco atravesara, fue que el padre se percató de que las preguntas habían cesado y de que su hijo no se encontraba en la sala. Espió por la ventanilla de su cabina de control y vio al niñito trepando sobre los dientes del engranaje. Cuando corría hacia la estructura mecánica para rescatar a su hijo, oyó pitar al tren que se acercaba.

Su pulso se aceleró. Si bajaba el puente, no habría tiempo para retirar a su hijo. Tenía que elegir. O su hijo tendría que morir o un tren cargado de pasajeros sin culpa alguna moriría. Un espantoso dilema exigía una espantosa decisión. El ingeniero sabía lo que le correspondía hacer. Extendió la mano y accionó la palanca.

Una historia conmovedora, ¿verdad? Se la aplica a veces para describir el sacrificio de Cristo. Y es que no le faltan similitudes. Es cierto que Dios no podía salvar a la humanidad sin dar muerte a su hijo. El corazón de

Dios realmente se retorció de dolor al accionar los engranajes de la muerte contra Jesús. Y es triste, aunque real, que los ignorantes han pasado a toda carrera junto a la escena del crimen inconscientes del sacrificio que acababa de salvarlos de una muerte segura.

Pero algo que podría deducirse de la anécdota necesita lamentablemente una rectificación.

Lea la siguiente transcripción del primer sermón jamás predicado acerca de la cruz, y trate de encontrar la frase aclaratoria.

Varones israelitas, oíd estas palabras: Jesús nazareno, varón aprobado por Dios entre vosotros con las maravillas, prodigios y señales, que Dios hizo entre vosotros por medio de él, como vosotros mismos sabéis; a éste, entregado por determinado consejo y anticipado conocimiento de Dios, prendisteis y matasteis por manos de inicuos, crucificándole. . ..[1]

¿La vio? Es esa frase solemne en el pasaje. Es la afirmación que nos habla de valentía, la que tiene raíces que llegan hasta la eternidad remota. Esta frase, quizá más que cualquier otra en la Biblia, describe cabalmente el precio que Dios pagó para adoptarlo a usted.

¿Cuál frase? La que habla del propósito de Dios y su conocimiento previo de los sucesos. La Versión Reina-Valera la expresa así: "determinado consejo y anticipado conocimiento de Dios". La Versión Popular la traduce: "conforme a los planes y propósitos que Dios tenía hechos de antemano". Sin considerar el modo en que esté expresada, la frase es absolutamente clara: la cruz no fue un accidente.

La muerte de Jesús no fue la consecuencia de un ataque de pánico en la mente del ingeniero del cosmos. La cruz no fue una trágica sorpresa. El Calvario no fue una reacción involuntaria e impensada a la caída del mundo hacia la destrucción. No fue un intento de remiendo, ni un recurso momentáneo. La muerte del Hijo de Dios no fue en absoluto un peligro inesperado.

No. Fue parte de un plan. Fue una elección calculada. "El Señor

---

1 Hechos 2:22, 23

quiso oprimirlo. . ."[1] La cruz estaba dibujada en el borrador original. Estaba escrita en el primer bosquejo. En el momento en que el fruto prohibido tocó los labios de Eva, la sombra de una cruz apareció en el horizonte. Y entre ese momento, y el instante en que el hombre que manejaba el mazo afianzó con un clavo la muñeca de Dios mismo, un plan maestro se cumplió.

¿Qué significa eso? Significa que Jesús planificó su propio sacrificio. Significa que Jesús deliberadamente plantó el árbol del cual se tallaría su cruz.

Significa que gustosamente colocó en el corazón de la tierra la veta de hierro con el cual se forjarían los clavos.

Significa que voluntariamente encerró a su Judas en el vientre de una mujer.

Significa que Cristo fue el responsable de poner en movimiento la maquinaria política que enviaría a Pilato a Jerusalén.

Y también significa que no precisaba hacerlo. . . sin embargo, lo hizo.

No fue un accidente. ¡Mejor para él si hubiese sido de otra manera! Porque aun el más cruel de los criminales se evita la agonía de leer su propia sentencia de muerte antes de comenzar su vida.

Pero Jesús nació crucificado. Desde el momento en que tomó conciencia de quién era, también tomó conciencia de lo que tenía que hacer. La sombra en forma de cruz estaba siempre a la vista. Y los gritos de los aprisionados por el infierno le eran siempre audibles.

Esto nos aclara el brillo de resolución que se veía en su rostro cuando encaminó su marcha hacia Jerusalén por última vez. Era su marcha fúnebre.[2]

Esto nos aclara la firmeza en las palabras: "Esta es la razón por la que el Padre me ama: que doy mi vida, y la doy para recuperarla después. Nadie me la quita por la fuerza, sino que yo la entrego voluntariamente."[3]

Esto nos aclara la enigmática pregunta: "¿Esto os escandaliza? ¿Qué

1 Isaías 53:10
2 Lucas 9:51
3 Juan 10:17

será, pues, si veis al Hijo del Hombre subir a donde estaba antes?"[1]
La cruz también nos aclara otras cosas:

Por qué les dijo a los fariseos que su vida alcanzaría su meta
"al tercer día" después de morir.[2]

Aclara la misteriosa aparición de Moisés y Elías sobre el
monte de la Transfiguración explicándole "su partida".[3]
Vinieron para brindarle una última palabra de aliento.

Por qué Juan el Bautista presentó a Jesús ante la multitud
como "el Cordero de Dios que quita el pecado del
mundo".[4]

Puede ser la razón por la cual arrancó de raíz la hierba del huerto
de Getsemaní, sabiendo cómo era el infierno que él mismo debería
padecer por decir las palabras "hágase tu voluntad".

La cruz puede ser la razón que lo hizo amar tanto a los niños; ellos
representaban la esencia misma de lo que él entregaría: Vida.

Además da peso a sus profecías: "Pongo mi vida por las ovejas."[5]
"Comenzó Jesús a declarar a sus discípulos que le era necesario ir a
Jerusalén y padecer mucho de los ancianos, de los principales
sacerdotes y de los escribas, y ser muerto y resucitar al tercer día."[6]

La referencia a la piedra desechada por los edificadores,[7] el bálsamo
que preparaba su cuerpo para la sepultura,[8] las palabras que lograron
que Judas abandonara la mesa en la última cena;[9] todos estos
incidentes se revisten de una dimensión colosal cuando contempla-
mos la inminencia de la cruz. Nuestro Maestro vivió una vida
tridimensional. Tenía una visión del futuro tan clara como la del
presente y la del pasado.

1 Juan 6:61-62
2 Lucas 13:32
3 Lucas 9:31
4 Juan 1:29
5 Juan 10:15
6 Mateo 16:21
7 Mateo 21:42
8 14:3-9
9 Juan 13:27

Y por eso eran innecesarias las sogas usadas para atarle las manos y los soldados empleados para conducirlo hasta la cruz. Estos fueron circunstanciales. De no haber estado allí, de no haber habido un juicio, un Pilato, una turba, la misma crucifixión hubiera tenido lugar. Si Jesús se hubiera visto obligado a clavarse a sí mismo a la cruz, lo habría hecho. Pues no fueron los soldados la causa de su muerte, ni los gritos de la multitud. Fue su devoción por nosotros. Así que póngale el nombre que quiera. Un acto de gracia. Un plan de redención. Un autosacrificio de mártir. Cualquiera que sea el modo que desee designarlo, no elija la palabra "accidente". Pues fue decididamente lo contrario.

DESCUBRIENDO NUEVAMENTE EL ASOMBRO

"Yo estoy con vosotros todos los días.
(Mateo 28:20)

Desde el lugar donde me encuentro escribiendo puedo presenciar varios milagros.

Olas de blanca cresta estallan sobre la playa con rítmica regularidad. Una tras otra se elevan las oleadas de agua salada cobrando ímpetu, encorvándose, alzándose, irguiéndose para saludar a la playa antes de estrellarse contra la arena. ¿Cuántos billones de veces se ha repetido este simple misterio desde que comenzó el tiempo?

A la distancia se halla un milagro de colores: azules mellizos. El azul oceánico del Atlántico se encuentra con el azul pálido del cielo, sólo separados por el horizonte que se extiende como un cable tenso sostenido por dos postes.

Bajo mi mirada caen también el comienzo y el final del libro de la vida. Una joven madre lleva un bebé en su cochecito, ambos participantes recientes juntamente con Dios en el milagro del nacimiento. Pasan frente a un anciano caballero de cabello blanco, encorvado, sentado en un banco, víctima de la ladrona de la vida: la edad. (Me pregunto si se percata del telón que va cayendo sobre su vida.)

Detrás de estos, veo a tres muchachos sobre la playa pateando una pelota de fútbol. Con una destreza nada esforzada coordinan innumerables músculos y reflejos, traban y destraban articulaciones perfectamente diseñadas. . . todo por realizar una sola tarea: mover una pelota sobre la arena.

Milagros. Milagros divinos.

Estos son milagros porque son misterios. ¿Que son explicables en términos científicos? Sí. ¿Que son reproducibles? En cierta medida. Pero siguen siendo misterios. Hechos que se extienden más allá de nuestro entendimiento y encuentran su origen en otro reino. Son divinos, a tal punto como lo son las aguas divididas en dos masas, los paralíticos que volvieron a caminar, y las tumbas vacías.

Y tanto traen a la memoria la presencia de Dios como lo hicieron los cojos sanados, los demonios en fuga y las tormentas acalladas. Son milagros. Son señales. Son testimonios. Son encarnaciones instantáneas. Nos recuerdan la misma verdad: que lo invisible se hace visible. Que lo alejado se ha acercado. Que su majestad ha venido para ser visible. Y él está en el más vulgar de los rincones de la tierra.

Es la normalidad, no la excepcionalidad de los milagros de Dios, lo que los torna tan asombrosos. En vez de espantar a toda la tierra con demostraciones esporádicas de deidad, Dios ha optado por ostentar su poder a diario. Proverbialmente. Olas que se desploman. Colores desplegados en prismas. Nacimiento, muerte, vida. Estamos rodeados de milagros. Dios nos dispara testimonios como fuegos de artificio, cada uno explotando con la frase: "¡Dios es! ¡Dios es!"

El salmista se maravilló ante tal artesanía santa. Extasiado se preguntaba: "¿A dónde me iré de tu Espíritu? ¿Y a dónde huiré de tu presencia? Si subiere a los cielos, allí estás tú; y si en el Seol hiciere mi estrado, he aquí, allí tú estás."[1]

Nos preguntamos, con tantos testimonios milagrosos alrededor, cómo podríamos escaparnos de Dios. Pero de alguna manera lo hacemos. Estamos dentro de una exposición de arte de divina creatividad y sin embargo nos conformamos con mirar fijamente sólo la alfombra.

O, lo que es peor aun, patéticamente: exigimos *más*. Más señales. Más pruebas. Más trucos de sombrero de copa. Como si Dios fuera un mago de espectáculos de variedades a quien pudieramos contratar por un dólar.

---

1 Salmo 139:7, 8

¿Cómo fue que nos volvimos tan sordos? ¿Cómo nos inmunizamos de tal modo a la admiración reverente? ¿Por qué somos tan reacios a sentirnos estremecidos o paralizados de asombro? Quizá la frecuencia de los milagros nos ciega a su hermosura. A fin de cuentas, pensamos, ¿qué tiene de especial un capullo primaveral o el brote de un árbol? ¿Acaso no vuelven cada año las estaciones? ¿No hay innumerables caracolas de mar iguales a esta?

Aburridos, emitimos un "¿Y qué?" y reacomodamos lo notable junto con lo común, lo increíble con lo previsto. La ciencia y la estadística hacen vibrar su varita no-mágica en la cara de la vida, ahogando los "¡oh!" y las "¡ah!", y reemplazándolos con fórmulas y cifras.

¿Le gustaría ver a Jesús? ¿Se atrevería a ser un testigo ocular de su majestad? Pues, entonces, descubra el asombro.

La próxima vez que oiga reír a un bebé o que vea la ola de un océano, ponga atención. Deténgase y escuche cuando Su Majestad susurre tan suavemente como ningún otro: "Yo estoy aquí."

ESPERANZA

Es uno de los relatos más conmovedores de toda la Escritura. Realmente la escena es tan fascinante que Lucas optó por registrarla detalladamente.

Dos discípulos van caminando por el terraplén rumbo a la aldea de Emaús. Su conversación se refiere al Jesús crucificado. Sus palabras emergen lentas, arrastrándose con la cadencia de la marcha fúnebre que marcan sus pasos.

— A duras penas puedo creerlo. Se fue.

— ¿Qué hacemos ahora?

— La culpa es de Pedro. El nunca debería haber. . .

Precisamente en ese instante, un desconocido les da alcance desde atrás y les dice:

— Disculpen, pero sin querer los oí hablar. ¿De quién estaban tratando?

Los dos se detienen y miran hacia atrás. Otros peatones prosiguen su camino esquivando a estos tres que están parados y en silencio. Al cabo uno pregunta:

— ¿Dónde ha estado usted estos últimos días? ¿No ha oído hablar acerca de Jesús de Nazaret?

Y prosigue su relato de lo ocurrido.

Esta escena me fascina: dos discípulos sinceros describiendo cómo el último clavo fue remachado en el ataúd de Israel. Dios, de incógnito, escucha pacientemente, sus manos heridas escondidas en lo más hondo de su vestimenta. Le debe de haber conmovido la fidelidad de esta pareja. Sin embargo, él habrá sentido también algo de mortificación. El acababa de ir a los infiernos y de volver de allí para traer el cielo a la tierra, y estos dos estaban ansiosos por la situación política de Israel. "Pero nosotros esperábamos que él era el que había de redimir a Israel."[1]

Pero nosotros esperábamos. . . ¿Cuántas veces ha oído usted una frase semejante? "Teníamos la esperanza de que el médico le diera el alta." "Yo tenía la esperanza de aprobar el examen." "Nosotros teníamos la esperanza de que la operación acabara con el tumor." "Creía que lo del trabajo era un hecho." Palabras que el desencanto pinta de gris. Lo que deseábamos nunca llegó. Lo que llegó, no era lo que deseábamos. ¿Resultado? Esperanza hecha pedazos. El fundamento de nuestro mundo se sacude.

Ascendemos con esfuerzo el sendero a Emaús arrastrando nuestras sandalias por el polvo, preguntándonos qué hemos hecho para merecer tan tristes circunstancias. "¿Qué clase de Dios me podría defraudar de este modo?"

Sin embargo, por tener los ojos tan llenos de lágrimas y la visión tan limitada, Dios podría ser el compañero que camina a nuestro lado y nosotros no nos daríamos cuenta.

Fíjese. El problema con nuestros dos amigos apesadumbrados no era falta de fe, sino falta de visión. Sus peticiones se limitaban a lo que podían imaginar: un reino terrenal. Si Dios hubiera respondido a su esperanza, la Guerra de los Siete Días habría comenzado dos mil años antes y Jesús habría invertido los subsiguientes cuarenta años adiestrando a sus apóstoles para integrar el Consejo de Ministros. Uno no puede menos que preguntarse si el acto más misericordioso de Dios no es el de negarse a contestar algunas de nuestras oraciones.

No nos diferenciamos mucho de viajeros sobrecargados, ¿verdad? Nos revolcamos en el fango de la autocompasión estando a la sombra de la cruz misma. Piadosamente pedimos que sea hecha su voluntad y luego nos tomamos el atrevimiento de hacer pucheros si no sale todo a la manera nuestra. Si sólo recordáramos el cuerpo celestial que

---

1 Lucas 24:21

nos aguarda, dejaríamos de quejarnos de que él no haya sanado este cuerpo terrenal.

Nuestro problema no es tanto que Dios no nos da lo que esperamos, sino más bien el no saber qué es aquello que corresponde esperar. (Puede ser que necesite leer otra vez esa oración.) La esperanza no es lo que esperamos. Es lo que nunca hubiéramos soñado. Es un cuento audaz, improbable, con esa clase de final que nos hace decir: "Pellízcame para saber si no estoy soñando." Está en Abraham colocándose los lentes para ver, no a su nieto, sino a su hijo. Está en Moisés pisando la tierra prometida, pero no con Aarón o Miriam a su lado, sino con Elías y el Cristo transfigurado. Está en Zacarías cuando quedó mudo contemplando a su esposa Elisabet llena de canas, y embarazada. Y está en los dos peregrinos camino a Emaús cuando, en el preciso momento de servirse un trozo de pan, descubren que las manos que lo ofrecen están perforadas.

La esperanza no es un deseo otorgado ni un favor concedido. No, es mucho más grande que eso. Es una dependencia ilógica y sin resultados previsibles de un Dios que se deleita en sorprendernos hasta el sobresalto y estar en persona presenciando nuestra reacción.

INSTANTES ETERNOS

Jugamos a todos los juegos que sabíamos. Corrimos por la sala. Nos escondimos detrás del sofá. Hicimos rebotar de la cabeza la pelota playera. Jugamos a la lucha, a perseguirnos, a la danza. Fue una tarde grandiosa para papá, mamá y la pequeña Jenna. Nos estábamos divirtiendo tanto que no hicimos caso de la hora de ir a la cama y apagamos el televisor. Y si no hubiera llegado la tormenta, quién sabe lo mucho que se habría prolongado el juego.

Pero llegó la tormenta. La lluvia repiqueteaba, luego golpeteaba, luego abofeteaba las ventanas. Los vientos rugían desde el Atlántico y lanzaban ráfagas entre las montañas con tanta fuerza que se cortó la corriente eléctrica. El valle cercano servía como un embudo canalizando el viento y la lluvia sobre la ciudad.

Todos fuimos al dormitorio y nos tiramos en la cama. En la oscuridad escuchamos la orquesta divina. En el cielo la electricidad de los relámpagos oscilaba como la batuta de un director de orquesta despertando los profundos timbales del trueno.

Mis sentidos percibían aquello al estar recostados en la cama. Sopló sobre mí mezclado con la fragancia dulce de la lluvia fresca. Mi esposa yacía silenciosa a mi lado. Jenna usaba mi estómago como almohada. Ella también estaba quieta. Nuestra segunda hija, sólo un mes previo a su nacimiento, descansaba en el vientre de su madre. Todos deben de haberlo sentido, pues ninguno hablaba. Entró a nuestra presencia como introducido por Dios mismo. Y ninguno se atrevía a moverse por temor de que se escapase prematuramente.

¿Qué era? Un instante eterno.

Un instante en el tiempo que no tenía tiempo. Una película que se detuvo en medio de un cuadro, exigiendo que se la saboreara. Un minuto que se negó a morir después de sesenta segundos. Un momento que se sacó de la línea del tiempo y se amplió a una eternidad para que todos los ángeles pudieran presenciar su majestad. Un instante eterno.

Un momento que trae a la memoria de uno los tesoros que le rodean. Su hogar. La tranquilidad de su conciencia. Su salud. Un momento que le reprende con ternura por desperdiciar tanto de su tiempo en preocupaciones temporales tales como cuentas bancarias, vivienda y horarios. Un momento que puede empañar el ojo más varonil y abrir un horizonte a la vida más oscura.

Momentos eternos han marcado hitos en la historia.

Fue un instante eterno cuando el Creador sonrió y dijo: "Esto es bueno." Fue un momento intemporal cuando Abraham imploró misericordia del Dios de misericordia diciendo: "¿Y si tan sólo se hallan diez justos?" Fue un momento desprovisto de tiempo cuando Noé abrió la escotilla empapada de lluvia e inhaló el aire puro. Y fue un momento "cuando vino el cumplimiento del tiempo" cuando un carpintero, unos pastores y una exhausta madre joven se pararon en atónito silencio ante la vista del infante dentro del pesebre.

Instantes eternos. Usted los ha experimentado. Todos los conocemos.

Al compartir con su nieto el sillón hamaca en una tarde estival.

Al ver la cara de "ella" a la luz de una vela.

Al pasar su brazo bajo el de su esposo mientras pasean entre hojas doradas y aspiran el punzante aire otoñal.

Al escuchar a su hijo de seis años agradecer a Dios por todo, comenzando por su pececito dorado y terminando por la abuela.

Tales momentos son necesarios porque nos recuerdan que todo está en orden. El Rey aún está en el trono y la vida vale la pena vivirla. Los instantes eternos nos recuerdan que el amor sigue siendo la mayor de las posesiones y que el futuro no es de temer.

La próxima vez que un instante en su vida comience a eternizarse, permítalo. Recline su cabeza sobre la almohada y absórbalo. Resista el impulso a cortarlo abruptamente. No interrumpa el silencio ni haga pedazos la solemnidad. Está, de un modo muy especial, en tierra santa.

¿QUÉ VE USTED?

"El que me ha visto a mí, ha visto al Padre."
(Juan 14:9)

Si un hombre sólo ve la popularidad, se convierte en un espejo que refleja cualquier cosa que sea necesario reflejar con tal de ganar aceptación. Aunque esté en boga, será vago o indefinido. Aunque esté de moda, será hueco. Las convicciones personales cambian con los tiempos. Las creencias individuales vienen de todos los colores, uno para cada noche de la semana. Es una marioneta pendiente de mil hilos. Es un cantante de cien canciones, y no tiene ninguna propia. Su aspecto cambia tan a menudo para adpatarse al papel, que olvida a quién está representando. Es todos y no es ninguno.

Si un hombre sólo ve el poder, se vuelve un lobo: merodeando, cazando, acechando a la presa fugitiva. Su presa es el reconocimiento público y su premio son las personas. Su búsqueda no tiene fin. Siempre hay otro mundo que conquistar o bien otra persona a quien someter. Como resultado, quien sólo ve el poder se degrada a la altura de un animal, un insaciable buscador de carroña, dominado no por una voluntad de su interior, sino seducido desde afuera.

Si un hombre sólo ve el placer, se vuelve un buscador de sensaciones en un parque de diversiones, viviendo sólo cuando las luces brillan, cuando el paseo es alocado, cuando los entretenimientos son rutilantes. Con una fiebre lujuriosa, corre de juego en juego por satisfacer su pasión insaciable de sensaciones sólo durante el tiempo indispensable para encontrar la próxima. Ruedas giratorias de romances. Casas de fantasmas del erotismo. Martillos que se hamacan entre el peligro y la emoción. Mucho después de haberse dispersado la muchedumbre, todavía se lo encuentra a él en el parque de diversiones escarbando las cajas vacías de maíz inflado y los cucuruchos pegajosos que contenían algodón de azúcar. Lo impulsa la pasión, y estaría dispuesto a vender su alma si fuese necesario para conseguir un arrebato más, un latido acelerado más, un espectáculo secundario más que lo arranque del mundo real de promesas no cumplidas y de compromisos que cumplir.

Buscadores de popularidad, poder y placer. El resultado final es el mismo: dolorosa insatisfacción.

Unicamente viendo a su Creador es que el hombre se hace verdaderamente hombre. Pues al ver a su Creador el hombre tiene un atisbo de lo que debía haber sido. Aquel que quiera ver a su Dios verá luego la razón de la muerte y el propósito del tiempo. ¿El destino? ¿El mañana? ¿La verdad? Todas éstas son preguntas al alcance del hombre que conoce su origen.

Al ver a Jesús es que el hombre ve su Origen.

PARTE II

NUESTRA IMITACIÓN

"Un discípulo. . .
que haya completado su formación
será como su maestro."

(Lucas 6:40)

SE HA OLVIDADO

Me encontraba agradeciéndole al Padre por su misericordia. Comencé a enumerar los pecados que me había perdonado. Agradecí a Dios por perdonar mis tropiezos y tumbos uno por uno. Mis motivos eran puros y mi corazón estaba agradecido, pero mi comprensión de Dios era errada. Fue cuando usé la palabra "recordar" que me di cuenta. "¿Recuerdas la vez en que yo. . .?" Entonces iba a agradecer a Dios por otro acto de misericordia. Pero me detuve. Algo andaba mal. La palabra *recordar* parecía fuera de lugar. Era una nota fuera de la tonalidad de la sonata, una palabra mal deletreada en medio de un poema. Era un deporte fuera de temporada. Era como si no encuadrara. "¿Es que él recuerda?"

Entonces recordé yo. Recordé sus palabras. "Y nunca más me acordaré de sus pecados."[1]

¡Vaya. . .! Esa sí que es una promesa notable.

Dios no sólo perdona; olvida. Borra la pizarra. Destruye toda la evidencia que nos es contraria. Quema la micropelícula. Limpia lo archivado en la computadora.

El no recuerda mis errores. Como contraparte de todas las cosas que sí hace, se niega a hacer eso. Se niega a llevar un registro de mis malas acciones. Cuando le suplico su perdón, él nunca extrae una tarjeta del archivo y dice: "Pero si ya perdoné a éste por la misma cosa quinientas dieciséis veces."

El no lo recuerda.

"Cuanto está lejos el oriente del occidente, hizo alejar de nosotros nuestras rebeliones."[2]

---

1 Hebreos 8:12
2 Salmo 103:12

"No me acordaré más de sus pecados."[1]

"Si vuestros pecados fueren como la grana, como la nieve serán emblanquecidos; si fueren rojos como el carmesí, vendrán a ser como blanca lana."[2]

No, él no recuerda. Pero yo sí, usted también. Usted todavía lo recuerda. Usted es como yo. Todavía recuerda lo que hizo antes de cambiar. En el sótano de su corazón se agazapan los fantasmas de los pecados de ayer. Pecados que ha confesado ya; errores de los que se ha arrepentido; daños que ha hecho todo lo posible por reparar.

Y aunque ahora es una persona diferente, los fantasmas todavía permanecen allí. Aunque ha echado el cerrojo a la puerta del sótano, todavía merodean a su alrededor. Vienen flotando a su encuentro, amedrentando su alma y despojándole del gozo. Con susurros sin palabras le recuerdan momentos en que olvidó de quién era hijo.

Aquella horrenda mentira.

Aquel viaje de negocios que lo llevó lejos de su casa, y que tanto lo alejó de su hogar.

Aquella vez que explotó de rabia.

Aquellos años que pasó en la palma de la mano de Satanás.

Aquel día que se le necesitaba, pero no acudió.

Aquel encuentro.

Aquellos celos.

Aquel vicio.

Duendes de los escollos del ayer. Espectros maliciosos que solapadamente insinúan: "¿Estás de veras perdonado? Claro, Dios olvida gran parte de nuestros errores, pero ¿crees que puede realmente olvidar la vez que tú . . . ?"

En consecuencia, su paso espiritual prosigue con una pequeña cojera. Entiéndame, se mantiene fiel. Todavía hace todo lo que corresponde hacer y dice todo lo que corresponde decir. Pero cuando comienza a dar pasos largos, cuando sus alas comienzan a extenderse

1 Hebreos 8:12
2 Isaías 1:18

y se prepara para remontar vuelo como un águila, aparece el fantasma. Emerge de las ciénagas de su alma y hace que se ponga a sí mismo en tela de juicio.

"No puedes enseñar una clase bíblica con el trasfondo que tienes."

"¿Tú, nada menos, ser misionero?"

"¿Cómo te atreves a invitar a alguien a tu iglesia? ¿Y si llegara a enterarse del tiempo en que estuviste apartado?"

"¿Quién eres tú para ofrecer tu ayuda?"

El fantasma vomita venenosas palabras acusadoras, ensordeciendo sus oídos a las promesas de la cruz. Y se mofa de los fracasos de usted, obstruyendo su visión del Hijo y dejándole la sombra de la duda.

Ahora, seamos sinceros. ¿Cree usted que Dios envió ese fantasma? ¿Cree que Dios es esa voz que le recuerda toda la putrefacción de su pasado? ¿Piensa que Dios estaba bromeando cuando dijo: "Nunca más me acordaré de tus pecados"? ¿Estaba exagerando cuando dijo que alejaría nuestros pecados tanto como el este está lejos del oeste? ¿Puede realmente creer que él haría una afirmación como "seré propicio a sus injusticias" para después restregárnoslas en las narices cuando le pedimos ayuda?

Por supuesto que no esperamos eso. Usted y yo sólo necesitamos de vez en cuando algo que nos recuerde el carácter de Dios, su carácter dispuesto a olvidar.

Poner condiciones para amar va en contra del carácter de Dios. Como va contra la constitución física de usted comer árboles y contra la mía el desarrollar alas, así va contra la naturaleza de Dios el recordar los pecados que él ya ha perdonado.

¿Entiende? Dios es el Dios de la perfecta gracia. . . o no es Dios. La gracia olvida. Punto. El que es perfecto amor no puede guardar rencores. Si lo hace, entonces no es perfecto amor. Y si no es perfecto amor, más le valiera hacer a un lado este libro e irse de pesca, pues tanto usted como yo estamos siguiendo cuentos de hadas.

Pero yo creo en su olvido amoroso. Y creo que tiene, a causa de la gracia, una pésima memoria.

Piense en esto: si él no olvidara, ¿cómo podríamos orar? ¿Cómo podríamos cantar para él? ¿Cómo osaríamos entrar en su presencia si al momento de vernos él recordara todo nuestro deplorable pasado? ¿Cómo podríamos entrar en la sala de su trono vestidos con los harapos de nuestro egoísmo y nuestra voracidad? No podríamos. Y no es lo que hacemos. Lea el siguiente vigoroso pasaje de la carta de Pablo a los Gálatas y observe el ritmo de su pulso. Prepárese para una viva emoción. "Porque todos los que habéis sido bautizados en Cristo, de Cristo estáis *revestidos*."[1]

Leyó correctamente. Nos hemos vestido de Cristo. Cuando Dios nos mira, no nos ve a nosotros; ve a Cristo. Nosotros nos cubrimos con él. Estamos escondidos en él. Estamos revestidos por él. Como dice la letra de una canción: "Vestido con su justicia y nada más, sin culpa ante su trono me podré parar."

¿Presumido, dice? ¿Sacrílego? Lo sería si la idea fuera mía. Pero no es así; es de él. Somos presumidos, no cuando nos maravillamos ante su gracia, sino cuando la rechazamos. Y somos sacrílegos, no cuando nos acogemos a su perdón, sino cuando permitimos que los fantasmales pecados del ayer nos convenzan de que Dios perdona pero no olvida.

Hágase un favor a sí mismo. Limpie el sótano. Tome los clavos romanos del Calvario y entable la puerta.

Y recuerde. . . él se ha olvidado.

---

1 Gálatas 3:27 (cursivas añadidas)

ENFRENTANDO LA REALIDAD

Estoy escribiendo en la sala de una clínica. Estoy sentado sobre una de esas incómodas sillas de vinílico que se transforman en una de esas incómodas camas para los acompañantes de los hospitalizados. A pocos pasos de mí está dormida mi esposa. Ahora carece de vesícula biliar. Hemos estado aquí por cuatro días (¡casi cien horas!). Se recupera bien Denalyn. Pero, a causa de la medicación, dormita casi todo el tiempo y eso me ha dado una buena oportunidad para observar un poco. Y he llegado a una conclusión. Como ella duerme y la enfermera no parece muy conversadora, creo que voy a apuntar mi conclusión. ¿Quiere leerla?

Una clínica es un microcosmo del mundo.

¿Por qué? Permítame explicar.

Superficialmente, una clínica parece ser un lugar muy bueno. Las sábanas están limpias y el personal es atento. Las enfermeras entran y salen con sonrisas tiernas. Los médicos aparecen en su horario calzando bonitos mocasines, corbata y rostros bondadosos. Amigos y familiares visitan al internado trayendo plantas decorativas y palabras amistosas.

Aquí se encuentra un número extrañamente grande de sonrisas. He recorrido los pasillos y me han saludado con sonrisas las muchachas uniformadas que llevan los carritos del desayuno. En la planta baja hay una tienda donde comprar regalos que está colmada de revistas con personas sonrientes en las portadas. La vendedora me sonrió ampliamente cuando adquirí una revista. La recepcionista en la mesa de entrada sonríe siempre que uno pasa.

A la par de las sonrisas está la escotilla de escape. El televisor está ubicado cerca del cielo raso y se puede escalar a través de él al mundo exterior. Con sólo manipular el botón, uno se encuentra viajando en el *Crucero del Amor* o mirando el partido de béisbol.

Sonrisas, eficiencia, distracción. He conocido algunos balnearios que no ofrecen un trato tan amable. ¡Asombroso! Casi se olvida uno dónde está.

En realidad, de no ser por aquellas cosas imposibles de disimular, se lo olvidaría. Pero cuando uno empieza a descansar, cuando comienza a sonreír para sus adentros, cuando comienza a hacerle reír ese cómico por televisión. . . una sirena le devuelve la memoria. El grito del paciente en la habitación contigua se lo recuerda. El personal que empuja la camilla hacia la sala de emergencias se lo recuerda.

Y ese recuerdo vuelve a uno a sus sentidos. Este es un hospital. La única función de este edificio es regatear con la muerte. Las paredes pueden ser blancas y el personal amable, pero nunca lo suficiente como para ocultar la dura realidad de la verdad ineludible: la gente viene a este lugar para entregar todo lo que posee con tal de postergar lo inevitable.

Invertimos nuestros mejores esfuerzos. Utilizamos lo mejor que tenemos: la mejor tecnología, los mejores cerebros, los mejores aparatos; sin embargo, en el mejor de los casos nos marchamos con una prolongación, nunca con una solución. Y aunque podamos caminar o nos saquen en una silla de ruedas con sonrisas y gestos de triunfo, muy adentro de nosotros sabemos que es sólo cuestión de tiempo hasta que lo mejor que tenemos no sea suficiente y el enemigo gane la partida.

De modo que un hospital es un lugar paradójico. Un lugar donde la realidad se oculta, aunque no puede ocultarse, porque la realidad es demasiado real.

Hoy usted vio lo mismo en su mundo, ¿no es cierto? El guión era el mismo; sólo el escenario era diferente. Por eso llegué a mi conclusión: nuestro mundo es idéntico a un hospital. ¡Ha notado alguna vez el sinfín de medidas extremas que toman las personas para ocultar las realidades de la vida?

Tomemos por ejemplo la edad. ¿Conoce a alguien que no haya envejecido? ¿Conoce a alguien que sea más joven hoy que el día que lo conoció? El envejecimiento es una condición universal. Pero, a juzgar por las maneras en que tratamos de ocultarlo, ¡parece una peste! Existen fajas para ambos sexos que reducen el ensanchamiento de la segunda edad. Hay transplantes de cabello, pelucas, tupés y mechones postizos. Prótesis dentales traen juventud a la boca, cremas para combatir arrugas traen juventud al cutis, y colores envasados traen juventud al cabello.

Todo para ocultar lo que ya se sabe: estamos envejeciendo. La muerte es otra ondulación en el alfombrado. No nos gusta. (Si alguna vez quiere ahogar una charla en una reunión, sólo necesita decir: "¿Cómo te sientes respecto de la muerte que se te acerca?" Eso hará que la conversación no tenga mucha vida.)

Tengo un amigo que padece de cáncer. Al presente el cáncer se halla en remisión. Recientemente tuvo que acudir al médico para un reconocimiento médico. Una enfermera, aparentemente no enterada de su estado, le hacía preguntas para la historia clínica:

— ¿Se encuentra actualmente enfermo?

— Bueno, sí. Tengo cáncer.

A ella se le cayó el lápiz de la mano y alzó los ojos para mirarlo:

— ¿Es incurable? — preguntó.

— Sí. ¿Acaso no es la condición mortal de todos nosotros?

Parecería que no fuera así, a juzgar por el modo en que el tema se mantiene silenciado.

También intentamos disfrazarnos. Es una barbaridad. La gente del campo quiere aparentar ser de la ciudad y la gente de la ciudad finge ser del campo. Cambiamos nuestro modo de hablar, nos hacemos cirugía para el perfil... hasta intentamos cambiarnos el nombre: todo para evitar enfrentarnos con quién en realidad somos.

Pero esta obsesión de huir de los hechos es tan alocada como inútil. Pues, como en el caso del hospital, la verdad siempre sale a la superficie. Suena una sirena que hace que la realidad nos despierte con un susto de nuestro sueño.

Un antiguo compañero de escuela se jubila y usted tiene que admitir que, si él está en el otoño de su vida, usted también debe de estarlo.

Lleva a su hija del brazo hasta el altar. Piensa: "¿Cuándo se hizo grande?"

Se despierta en una sala de emergencia al oír el pulso de una máquina y encuentra cables prendidos con ventosas de su pecho.

Sea el acontecimiento agradable o doloroso, el resultado es el mismo. La realidad resquebraja la máscara de cartón y le grita como un sargento a la hora del adiestramiento: *¡Sí está envejeciendo! ¡Sí va a morir! ¡No, no puede ser alguien que no es!*

Le quitan de un puntapié los soportes en que se apoyaba y se da un tumbo cayendo con estruendo sobre el piso duro de las realidades de la vida. Mejor sería apagar el televisor y desvestirse del nuevo disfraz. La realidad ha alzado la cabeza como un monstruo y no puede negar más su existencia.

Lo mejor que puede hacer ahora es detenerse y pensar. Mire atentamente los hechos. Y mientras los revisa, sería sabio mirarlo atentamente a él. Para aquellos que se ubican en la cúspide del Monte Perspectiva, su majestad asume un significado muy especial.

Jesús realiza su mejor obra en momentos como esos. Justamente cuando la verdad acerca de la vida comienza a penetrar, su verdad comienza a percibirse en la superficie. El nos toma de la mano y nos desafía a no barrer las realidades bajo la alfombra sino a enfrentarlas con él a nuestro lado.

¿Envejeciendo? Un proceso necesario para pasar a un mundo mejor.

¿Muerte? Sólo un breve pasaje, un túnel.

¿Mi yo? Diseñado y creado para un propósito, y comprado por Dios mismo.

Ahora, ¿le pareció tan malo todo eso?

Sepelios, divorcios, enfermedades, internación en hospitales. . . no puede mentir acerca de la vida en circunstancias como esas. Tal vez sea por eso que él siempre se encuentra presente en momentos así.

La próxima vez que se encuentre a solas en un callejón oscuro frente a los hechos innegables de la vida, no los cubra con una manta, ni los disimule con una sonrisa nerviosa. No encienda el televisor fingiendo que no se encuentra en ese lugar. En cambio quédese quieto, susurre su nombre, y escuche. El está más cerca de lo que usted cree.

LA LUZ DEL . . . ¿DEPÓSITO?

Hace algunas noches sucedió algo muy curioso. Una tormenta eléctrica causó un apagón en nuestro barrio. Cuando se apagaron las luces, fui tanteando en la oscuridad hasta el depósito donde guardamos velas para noches como estas. Al resplandor de un fósforo encendido miré sobre el estante donde almacenamos las velas. Allí estaban, ya colocadas en sus candeleros, derretidas en diferentes grados por misiones cumplidas anteriormente. Tomé un fósforo y encendí cuatro velas.

¡Cómo iluminaron el depósito en el desván! ¡Aquello que había sido un velo de oscuridad de pronto irradiaba una suave luz dorada! Pude detectar ese refrigerador contra el que acababa de golpearme la rodilla. Y pude ver mis herramientas, que necesitaban ser puestas en orden.

— ¡Qué grandioso es tener luz! — dije en alta voz. Y luego les hablé a las velas —: Si pueden hacer tan buen trabajo aquí en el depósito del desván, ¡esperen que las lleve donde se las necesita realmente! A una de ustedes la pondré sobre la mesa para que podamos comer. A otra de ustedes la pondré sobre mi escritorio para poder leer. Le entregaré una de ustedes a Denalyn para que pueda bordar. Y a ti — dije, tomando la más grande de las cuatro —, te colocaré en la sala donde puedas alumbrar todo el espacio. (Me sentí un poco ridículo al hablar a las velas, pero ¿qué puede hacer uno cuando se corta la luz eléctrica?)

Estaba volviéndome para salir de allí con la vela grande en la mano cuando oí una voz diciendo:

— Oye, párate ahí mismo.

Me detuve. *¡Alguien está aquí adentro!* pensé. *Luego me tranquilicé.*

No es más que Denalyn que me toma el pelo porque le hablé a las velas.
— Está bien, amor, basta de bromas — dije en la penumbra.
No hubo respuesta. *Bueno, tal vez haya sido el viento. Y di un paso más.*
— ¡Párate, dije!
Allí estaba de nuevo esa voz. Mis manos comenzaron a sudar.
— ¿Quién dijo eso?
— Yo.
La voz estaba cerca de mi mano.
— ¿Quién eres tú? ¿Qué eres tú?
— Soy una vela.
Miré la vela que estaba sosteniendo. Su llama ardía consistente y dorada. Era una vela roja, apoyada sobre un candelero de madera pesada y de firme mango.
De nuevo miré a mi alrededor para ver si la voz podía provenir de alguna otra cosa.
— No hay nadie más aquí, salvo tú, yo y las demás velas como yo — me informó la voz.
Alcé la vela para poder observar más de cerca. Usted no creerá lo que diré. En la cera se destacaba una pequeña carita. (Le dije que no me creería.) No era simplemente una cara de cera que alguien hubiera tallado, sino una cara como de carne y hueso, con movimientos, funciones, llena de expresión y de vida.
— ¡No me lleves fuera de aquí!
— ¿Qué?
— Dije que no me llevaras fuera de este depósito.
— ¿Qué quieres decir con eso? Tengo que llevarte afuera. Eres una vela. Tu función es dar luz. Está oscuro afuera. La gente está tropezando y chocando contra las paredes. ¡Tienes que salir de aquí y alumbrar la casa!
— Es que no puedes sacarme de aquí. No estoy lista.
Con ojos suplicantes la vela me explicó:
— Necesito más preparación.
No podía creer lo que oía.
— ¿Más preparación?

— Pues sí... He resuelto que necesito investigar este trabajo de dar luz para no salir y cometer un montón de errores. Te sorprendería lo desfigurado que puede resultar el destello de una vela sin instrucción. Por eso es que estoy estudiando un poco. Acabo de leer un libro sobre cómo resistir a los vientos. Voy por la mitad de una serie buenísima de estudios grabados sobre la buena construcción y conservación de la mecha... y además estoy leyendo el último éxito de librería acerca de la difusión de la luz de vela. ¿Lo has oído nombrar?

— No — respondí.

— Puede agradarte. El título es *Alumbrar con elocuencia*.

— Suena muy intere... — me contuve.

¿Qué estoy haciendo? ¡Estoy aquí conversando con una vela mientras mi esposa y mis hijas están a oscuras ahí afuera!

— Está bien entonces — dije —. No eres la única vela sobre la repisa. ¡Te extinguiré y me llevaré las otras!

Pero en el momento en que me llené los cachetes de aire, escuché otras voces:

— ¡Nosotras tampoco saldremos!

Esto era una conspiración. Miré a mi alrededor para ver a las otras tres velas; cada una tenía una llamita ardiendo sobre su cara diminuta.

Ya se me estaba pasando la sensación de hacer el ridículo por hablarles a las velas. Me estaba poniendo de mal humor.

— ¡Ustedes son velas y su misión es la de alumbrar en la oscuridad!

— Bueno... eso puede ser lo que piensas tú — dijo la vela a mi izquierda, una delgada y con acento extranjero —. Tú puedes creer que nosotras tenemos que salir, pero yo estoy muy ocupada.

— ¿Ocupada?

— Sí. Estoy meditando.

— ¿Cómo? ¿Una vela que medita?

— Así es. Estoy meditando en la importancia de la luz. Eso realmente me ha iluminado el pensamiento.

Decidí discutir con ellas.

— Escuchen. Valoro lo que ustedes están haciendo. Yo estoy muy a favor de dedicar tiempo a la meditación. Y todos necesitan tiempo para estudiar e investigar. Pero, ¡ustedes han estado encerradas aquí durante semanas enteras! ¿No han tenido tiempo suficiente para enderezarse las mechas?

Y a las otras dos del otro lado les pregunté:

— ¿Y ustedes... también se van a quedar aquí dentro?

Una vela corta, gruesa, violácea, con cachetes rellenos que me recordaban a Papá Noel, habló:

— Yo estoy esperando que mi vida se asiente un poco más. Todavía no tengo la estabilidad suficiente. Yo me enardezco con facilidad. Creo que podrías llamarme colérica.

La última vela tenía una voz femenina muy agradable al oído.

— Me agradaría colaborar — explicó —, pero alumbrar la oscuridad no es mi don.

Todo esto comenzó a sonarme muy conocido.

— ¿No es tu don? ¿Qué quieres decir con eso?

— Bueno, es que soy cantante. Yo les canto a las otras velas para darles ánimo de quemarse con un brillo más intenso.

Sin pedirme permiso, inició un recital con la canción "Esta lucecita la dejaré brillar". (Acepto que tenía buena voz.)

Las otras tres se plegaron al coro llenando el depósito con su canción.

Levanté mi voz más alto que la música y les grité:

— ¡Escuchen! Yo no tengo inconveniente de que ustedes canten mientras trabajan. En realidad ¡nos vendría bien un poco de música allá afuera!

No me oyeron. Cantaban demasiado fuerte. Vociferé más fuerte aun:

— ¡Vamos, chicas! Habrá mucho tiempo para eso más tarde. En este momento debemos enfrentar la crisis.

No dejaban de cantar por nada. Coloqué la vela grande sobre la repisa, di un paso hacia atrás y me puse a considerar lo absurdo que era todo esto. Cuatro velas perfectamente sanas cantando para ellas mismas acerca de la luz pero negándose a salir del depósito. Era más de lo que podía soportar. Las apagué de un soplido una a una. Hasta el fin continuaron cantando. La última en flamear fue la cantante. La soplé justo cuando cantaba "No dejaré que Satanás me apague".

Metí las manos en los bolsillos y caminé hacia la oscuridad de afuera. Nuevamente me golpeé la rodilla contra el mismo refrigerador. Luego choqué con mi esposa.

— ¿Dónde están las velas? —me preguntó.

— No... No quieren servir. ¿Dónde compraste esas velas?

— Ah, son velas de iglesia. ¿Recuerdas la iglesia que se cerró al otro lado del pueblo? Las compré allí.

Entonces entendí.

AMBICIÓN CIEGA

La escena parece habitada por fantasmas: es una torre alta, sin terminar, desdibujándose en la soledad del llano polvoriento. Su base es ancha y fuerte, pero cubierta de maleza. Grandes piedras destinadas originalmente a ser empleadas en la torre yacen abandonadas por el terreno. Cubetas, martillos y roldanas: todo yace en abandono. La silueta que la estructura proyecta es delgada y solitaria.

Hace no mucho tiempo, esta torre zumbaba como una colmena de tanta actividad. Cualquiera que se parara a observar podría haberse sentido impresionado por la construcción ininterrumpida del primer rascacielos del mundo. Un grupo de obreros removía la mezcla recién preparada. Otro equipo extraía ladrillos del horno. Un tercer grupo acarreaba los ladrillos al sitio de la construcción mientras que un cuarto grupo hombreaba la carga por el sendero sinuoso que llevaba a la parte más alta de la torre donde se la afianzaba en su lugar.

Era un hormiguero humano. Cada operario conocía su oficio y lo hacía bien.

Su sueño era una torre. Una torre que fuera más alta de lo que cualquier persona hubiera soñado jamás. Una torre que perforara las nubes y que llegara al cielo. ¿Y cuál era el propósito de la torre? ¿Glorificar a Dios? No. ¿Procurar encontrar a Dios? No. ¿Convocar a la gente para que eleven su vista a Dios? Adivine otra vez. ¿Constituir un refugio celestial de oración? Todavía se equivoca.

El propósito de la construcción causó su final fracaso. El método era el correcto. El plan era realizable. Pero el motivo era equivocado. Fatalmente equivocado. Lea este memorándum de la "Reunión de la Comisión para el Planeamiento de la Torre", y verá lo que quiero decir:

"Vamos, edifiquémonos una ciudad y una torre... [¡atención ahora!] y *hagámonos un nombre.*"[1]

¿Por qué razón se estaba construyendo esa torre? Egoísmo. Puro egoísmo al 100%. Los ladrillos estaban fabricados de yoes hinchados y la argamasa estaba hecha de orgullo. La humanidad estaba invirtiendo sudor y sangre en un obelisco. ¿Por qué? Para que quedara en la memoria el nombre de alguien.

Tenemos un nombre para eso: ambición ciega. Éxito a cualquier precio. Llegar a ser un mito durante la propia vida. Subir la escalera hasta el tope. Rey de la montaña. Punto culminante del apilamiento. "Lo hice a mi manera."

Nosotros denominamos héroes a las personas ambiciosas. Los erigimos en modelos para nuestros niños y colocamos sus retratos en las portadas de nuestras revistas.

Y eso se justifica. Este mundo estaría en un triste estado si no hubiera personas que sueñan con tocar los cielos. La ambición es esa idea fija en el alma que produce desencanto con lo común y corriente e introduce en nuestros sueños la intrepidez.

Pero si se deja sin controlar se convierte en una insaciable afición al poder y al prestigio, un hambre rugiente por alcanzar logros que devora a la gente, así como un león devora a otro animal, dejando detrás de sí sólo los restos esqueléticos de las relaciones humanas.

Los casos clásicos de constructores miopes de torres vienen a la mente con rapidez. Usted los reconocerá, demasiado bien probablemente.

El esposo que alimenta su carrera con doce horas diarias, viajes en avión y pedidos de disculpas por estar tanto fuera de casa. "Pero es sólo cuestión de tiempo; ya pisaré la tierra de nuevo."

La esposa de tres niños, preocupada por su posición social, que no deja escapar ni una oportunidad de integrar una comisión o de estar en un almuerzo especial. "Todo es por una causa buena", dice, engañándose a sí misma.

"Sólo tendré que hacerlo por esta única vez", dice el vendedor

---

1   Génesis 11:4 (cursivas añadidas)

tratando de justificarse por mentir acerca del producto. Cualquier estratagema para llegar a la cúspide de la torre.

Ambición ciega. Valores distorsionados.

¿El resultado? Vidas sin raíces rodando como plantas rodadoras que el viento arrastra por pueblos fantasmales. Hogares que se derrumban. Futuros barridos por las ráfagas. Todos tienen una cosa en común: una torre a medio construir que se yergue como conmovedor epitafio para los que vienen después.

Dios no lo tolera. No lo toleró en aquel entonces ni lo tolerará hoy. El se hizo cargo de la "Campaña Escalera al Cielo". De una sola pincelada pintó la torre del gris de la confusión y despachó a los obreros balbuceando en todas las direcciones. El tomó el mayor logro humano y lo hizo volar de la misma manera que una criatura sopla las semillas del diente de león.

¿Está usted construyendo torres? Examine sus motivos. Y recuerde la inscripción impresa en el fundamento de la torre que se llevó el viento, la Torre de Babel: "La ambición ciega está a un paso gigantesco de Dios y a un paso más cerca de la catástrofe."

ADVERTENCIAS

Yo estaba furioso. Verdaderamente furioso. Esa clase de rabia que hace doler la mandíbula. Pero no tenía con quién enfurecerme más que conmigo mismo.

Yo había visto la tonta lucecita encendida en el tablero del auto por varios días. Y durante todos esos días no le había prestado la atención debida. Demasiado ocupado. "Llevaré el automóvil al mecánico mañana." Pero ese mañana nunca se convirtió en hoy. La luz continuaba encendida, tratando en vano de agitar sus banderitas rojas ante mis ciegos ojos. Algo andaba mal, pero yo tenía demasiadas cosas que hacer.

"La próxima vez prestaré atención", musité para mí mismo. La linterna con que intentaba enviar señas al tránsito que se aproximaba habrá parecido apenas una luciérnaga danzarina. La situación no era agradable: en una noche fría encontrarme varado en una solitaria carretera rural de Brasil con mi hija y con mi esposa encinta.

Mi respiración se transformaba en humo mientras yo estaba de pie a la orilla de la carretera pidiendo auxilio a los otros autos que pasaban. Me hice la promesa de nunca volver a hacer caso omiso de una advertencia.

Advertencias. Luces rojas en la vida que nos señalan un peligro inminente. Existen en todos los aspectos de la vida. Las sirenas chillan cuando un matrimonio comienza a avinagrarse; la alarma suena a toda fuerza cuando la fe se debilita; las señales luminosas se encienden para alertarnos de que están en juego los valores morales.

Estas manifestaciones se presentan en una variedad de formas: culpa, depresión, mecanismos de racionalización. Un amigo puede confrontarnos. Palabras de la Escritura pueden aguijonearnos. Una carga puede llegar a ser muy pesada. Dejando de lado cómo llegan, las advertencias aparecen con un mismo propósito: alertarnos, despertarnos.

Por desgracia, no siempre se las atiende. Todos nosotros hemos aprendido a taparnos los oídos y a cubrirnos los ojos en el momento preciso. Es asombroso cuán expertos nos podemos volver en hacerlas a un lado. Las advertencias pueden tener el peso de un martillazo y aun así nosotros volvemos la espalda y silbamos para olvidar. Tenemos tanta picardía dentro de nosotros como para creernos la proverbial excepción de la regla.

Es como si en nuestro cerebro hubiera un recepcionista en miniatura con instrucciones de interceptar todas las advertencias y de archivarlas en el casillero correspondiente. ¿Puede imaginarse la escena?

— ¡Hola! División de Selección. ¿En qué puedo servirle?

— ¡Hola! Habla el espectro de la seguridad. Llamaba para avisarle al señor Lucado que está conduciendo a demasiada velocidad.

— Lo siento, pero el señor Lucado dejó instrucciones de que esa señal de advertencia fuera para "el otro", el que no tiene tanta experiencia en carreteras.

O bien:

— ¡Hola! ¿Oficina central? Hablo desde el departamento de la salud. Por favor, avise al señor Lucado que necesita imperiosamente tomar un descanso.

— Le avisaré sin falta. . . mañana.

O tal vez:

— Habla la conciencia del señor Lucado.

— Lo siento, pero el señor Lucado dejó dicho que ahora está ampliando su horizonte moral y que no espere que conteste a su llamado.

O así:

— Llamo desde el Departamento de Convicciones. Necesito hacer arreglos para que el señor Lucado lea la Epístola de Santiago dentro de las próximas veinticuatro horas. Hay un par de cosas que él precisa recordar.

— Déjeme consultar su agenda. Eh. . . La próxima oportunidad en que el señor Lucado se encontrará desocupado como para leer la Biblia es el mes que viene. Tiene programados varios partidos de golf, sin embargo. ¿No podría usted buscar la forma de hablar con él en el campo de golf?

O aun así:
— Habla la fe del señor Lucado para recordarle... ¿Hola? ¿Hola? Qué raro es esto: me han cortado.

Las advertencias fulguran alrededor mientras nosotros, adormecidos, vamos flotando en una canoa por un río que termina en unas grandes cataratas.

A menudo nos sorprendemos por las desgracias de la vida pero, cuando la sinceridad nos arrincona contra la pared, tenemos que admitir que si hubiéramos despedido a esa recepcionista insensata y hubiéramos tomado alguna determinación frente a esas llamadas, podríamos haber evitado muchos problemas. Por lo general sabíamos que nos esperaba algún problema a la vuelta de la esquina. Los creyentes que se han apartado de Cristo habían percibido que el fuego se extinguía mucho antes de que se apagara del todo. Los embarazos no deseados o las explosiones de furia pueden parecer el fruto de un momento de alejamiento, pero en realidad son por lo general el resultado de una historia de advertencias ignoradas acerca de un incendio que se cernía.

¿Está usted cerca de las cataratas? ¿Tiene los sentidos adormecidos? ¿Ha adiestrado sus ojos para que se desvíen y miren hacia otro lado cuando debieran detenerse y observar?

Si es así probablemente necesite reparar su detector de advertencias. Afínelo con algunas precauciones tomadas de la Escritura. Cuídese de:

Meter las narices en asuntos ajenos:

"El que pasando se deja llevar de la ira en pleito ajeno
es como el que toma al perro por las orejas."[1]

Aventuras de una noche:

"Porque a causa de la mujer ramera el hombre es

---

1 Proverbios 26:17

reducido a un bocado de pan; y la mujer caza la preciosa alma del varón. ¿Tomará el hombre fuego en su seno sin que sus vestidos ardan? ¿Andará el hombre sobre brasas sin que sus pies se quemen?"[1]

Biblias cubiertas de polvo:

"Es necesario que con más diligencia atendamos a las cosas que hemos oído, no sea que nos deslicemos."[2]

Correrías en secreto que cree que pasarán inadvertidas:

"No os engañéis; Dios no puede ser burlado: pues todo lo que el hombre sembrare, eso también segará."[3]

Elección poco sabia de pareja:

"Mejor es morar en tierra desierta que con la mujer rencillosa e iracunda."[4]

El efecto envenenador del chisme:

"Las palabras del chismoso son como bocados suaves, y penetran hasta las entrañas."[5]

Descuido en la selección de amistades:

"Los malos compañeros echan a perder las buenas costumbres."[6]

Negar a Cristo:

"A cualquiera que me niegue delante de los hombres, yo también le negaré delante de mi Padre que está en los cielos."[7]

Falta de disciplina paternal:

"No rehúses corregir al muchacho; porque si lo castigas con vara, no morirá. Lo castigarás con vara y librarás su alma del Seol."[8]

Y tres advertencias acerca de cerrar los ojos a las advertencias:

---

1 Proverbios 6:26-28
2 Hebreos 2:1
3 Gálatas 6:7
4 Proverbios 21:19
5 Proverbios 26:22
6 1 Corintios 15:33, V.P.
7 Mateo 10:33
8 Proverbios 23:13-14

ADVERTENCIAS 99

"Hijo mío, si dejas de atender a la reprensión te apartarás de los buenos consejos."[1]
Son "camino de vida las reprensiones que te instruyen."[2]
"El orgullo conduce a la discusión; sé humilde, recibe consejo y adquiere sabiduría."[3] Advertencias divinas. Todas inspiradas por Dios y comprobadas por el tiempo. Son para usted, para que las aproveche tanto como desee. Son destellos rojos en su tablero de instrumentos. Tómelos en cuenta y la seguridad irá con usted para disfrutarla. Ignórelos y lo estaré buscando a la orilla de la carretera.

---

1   Proverbios 19:27 V.P.
2   Proverbios 6:23
3   Proverbios 13:10 Biblia al Día

DÍA DE LOS PADRES: UN TRIBUTO

Hoy es el Día de los Padres. Un día de colonias de baño. Un día de abrazos, de corbatas nuevas, de llamadas telefónicas de larga distancia, y de tarjetas con textos impresos.

Hoy es mi primer Día de los Padres sin tener a mi padre. Durante treinta y un años tuve un padre. Tuve uno de los mejores padres que puede haber. Pero se ha ido. Está enterrado bajo un roble en un cementerio al oeste de Texas. Si bien él se ha ido, su presencia se siente muy cercana... especialmente hoy.

Parece raro que él no esté aquí. Supongo que la razón es que nunca salía. Siempre estaba cerca. Siempre estaba dispuesto a ayudar. Siempre presente. Sus palabras no eran nada novedosas. Sus logros, aunque dignos de admiración, no eran tan extraordinarios.

Pero su presencia sí lo era.

Como un caluroso hogar con leños encendidos en una casa grande, él era una fuente de consuelo. Como una sólida hamaca de jardín, o como un olmo de grandes ramas en traspatio, se le podía hallar siempre... y depender de él.

Durante los años turbulentos de mi adolescencia, papá fue una parte de mi vida con la que se podía contar. Novias aparecían y novias desaparecían, pero papá estaba allí. El entusiasmo por el fútbol dejaba lugar al béisbol y volvía la temporada del fútbol, y papá siempre estaba allí. Vacaciones de verano, noviecitas, álgebra, primer automóvil, basquetbol en el frente de mi casa... todo tenía una cosa en común: su presencia.

Y porque él estaba allí, la vida transcurría serenamente. El auto siempre andaba bien, las cuentas se pagaban y el césped estaba siempre podado. Porque él estaba allí, la risa era fresca y el futuro parecía seguro. Porque él estaba allí, mi crecimiento fue lo que Dios quiere que sea el tiempo de crecer: corretear como en los cuentos a través de la magia y el misterio del mundo.

Porque él estaba allí, nosotros los hijos nunca nos preocupábamos por cosas tales como impuestos, depósitos bancarios, cuotas mensuales o hipotecas. Esas eran cosas para el escritorio de papá. Tenemos muchísimas fotografías de la familia en que él no aparece. No porque él no estuviese con nosotros, sino porque estaba detrás de la cámara fotográfica.

El tomaba las decisiones, ponía fin a las peleas, se leía el periódico todas las tardes y preparaba el desayuno los domingos. No hacía nada fuera de lo común. Hacía ni más ni menos de lo que deben hacer los papás: estar ahí.

El me enseñó a afeitarme y a orar. El me ayudó a memorizar versículos para la clase dominical y él me enseñó que el mal debe ser castigado y que el bien lleva su propia recompensa. El demostró con su ejemplo la importancia de levantarse temprano y de estar libre de deudas. Su vida fue la expresión de ese equilibrio escurridizo entre la ambición y la aceptación de las limitaciones personales.

Viene a mi memoria a menudo. Cuando huelo *Old Spice* después de afeitarme, pienso en él. Cuando veo un bote de pesca, veo su cara. Y de vez en cuando, no muy a menudo, pero alguna vez que oigo un buen chiste le oigo una risa entre dientes. El tenía derechos de autor sobre una risita que siempre venía acompañada de una sonrisa extendida de lado a lado y cejas levantadas.

Papá nunca me dijo ni una palabra acerca del sexo ni me contó la historia de su vida. Pero yo sabía que, si yo quisiera saber, él me lo diría. Lo único que yo necesitaba hacer era preguntarle. Y yo sabía que si alguna vez lo necesitara, él estaría conmigo.

Como un caluroso hogar.

Quizá por eso este Día de los Padres está un poco enfriado. Se ha apagado el fuego. Los vientos de la edad se tragaron la última llama dejando sólo brasas doradas. Pero hay algo extraño acerca de esas brasas: se remueven un poco y una llama comienza a danzar. Danzará muy brevemente, pero danzará. Y le cortará al ambiente un poco de esa frialdad como para recordarme que todavía. . . de un modo especial, él está muy presente.

EL SEDÁN FAMILIAR DE LA FE

Realizó pocas proezas extraordinarias, si consideramos que se trataba de un lanzador extraordinario. Si bien fue un veterano de veintiuna temporadas, en una sola logró ganar más de veinte partidos. Nunca lanzó en un partido en que no hubiera golpes, y solamente una vez era el primero en la liga de béisbol en alguna categoría (2.21 ERA, 1980).

Pero el 21 de junio de 1986 él, Don Sutton, alcanzó la altura de los verdaderamente legendarios dentro del béisbol al ocupar un lugar histórico entre los treinta lanzadores que ganaron 300 partidos.

El análisis que él mismo hace de su éxito merece tenerse en cuenta.

Se describe a sí mismo como persistente y mecánico. "Nunca me consideré brillante ni sobresaliente. Simplemente toda mi vida encontré la forma de que la cosa se hiciera."

Y lograba que la cosa se hiciera. Durante dos décadas, seis períodos presidenciales y cuatro traslados, con tesón hizo lo que se espera de un lanzador: ganar partidos. Con la devoción del que tiene un solo propósito, definió la grandeza a través de veintiuna temporadas.

Se le ha llamado "el sedán familiar" entre todos los lanzadores.[1] La analogía es adecuada con este vehículo lento pero seguro. El no se vanagloriaba, por cierto, de un estilo deportivo de tipo Ferrari, como el jugador Denny MacLane, ni de una elegancia tipo Mercedes, como Sandy Koufax; sin embargo, después que esos modelos quedaron parados en museos o garajes, Don Sutton estaba aún en el estadio.

Esto nos recuerda una cualidad que es el denominador común en cualquier clase de grandeza: la confiabilidad.

---

1 *Inside Sports, Septiembre, 1986, p. 10*

Es la característica básica del logro. Es el ingrediente que comparten los jubilados, los galardonados por la Fama, y las bodas de oro. Es la cualidad que produce, no héroes de una ocasión, sino monumentos a una vida. La Biblia tiene una cantidad de campeones de la lealtad. Sólidos y confiables, estos santos eran acicateados por una íntima convicción de que habían sido llamados nada menos que por Dios mismo. Su obra no se vio afectada, como resultado, por estados de ánimo, días grises o peñascos en el sendero. El gráfico de su ejecución no sube y baja con la irregularidad de la montaña rusa de los parques de diversiones. No eran adictos a homenajes o aplausos, ni los detenían los jefes gruñones ni las billeteras vacías. En vez de luchar por ser un espectáculo, su aspiración era ser una persona con quien se pudiera contar y confiar. Y porque su comodidad no era la condición de su lealtad, fueron tan fieles en prisiones oscuras como en púlpitos iluminados.

Siervos de confianza. Son la armazón de la Biblia. Sus hechos rara vez se relatan y sus nombres se mencionan pocas veces. Sin embargo, si no fuera por su devoción constante a Dios, muchos hechos grandiosos nunca habrían ocurrido. He aquí algunos ejemplos.

Andrés no pronunció el discurso principal en la campaña de Pentecostés. Probablemente no haya estado sobre la plataforma, ni en el programa, ni en la comisión organizadora. Pero de no haber estado Andrés bien plantado algunos años atrás, el poderoso orador Pedro podría haber sido todavía el impulsivo pescador, y nada más que eso. A Andrés se le menciona un número sorprendentemente limitado de veces, considerando que era un apóstol. Sin embargo, cada vez que se le menciona está haciendo la misma cosa: presentando a alguna persona a Jesús. Sin luces, sin púlpitos, sin entrevistas, pero con un epitafio digno de consideración.[1]

También estaría en la lista Epafrodito. "Epa- ¿qué?" dirá. Pregúntele al apóstol Pablo. El le dará notables referencias en cuanto a su carácter.[2] Para describir a este tipo del nombre raro Pablo usó palabras más sucintas como *hermano, colaborador, compañero de milicia, mensajero.* No se gana elogios como esos participando algunas veces en programas juveniles o apareciéndose el día que la iglesia sale de excursión. Estas felicitaciones se ganan a través de años y lágrimas. Pero la albanza más distinguida que Pablo dedica a Epafrodito se expresa en las palabras siguientes: "por la obra de Cristo estuvo próximo a la muerte, exponiendo su vida." Puede usted estar seguro de que Pablo, que sabía lo que era morir por una causa, no hablaba de "sacrificio" como de algo natural. Luego de escribir esa frase, se habrá recostado contra la pared de la prisión sonriendo al recordar a su viejo compañero de camino: Epafrodito.

Su cabello es gris. Su piel está arrugada. Su mano tiembla al tocar la cara de un niñito. Pero sus palabras no dan indicios de senilidad. "Este es. Es el Mesías." Ana lo sabía. Había estado orando y ayunando durante ocho décadas a la espera de este día. Los siervos fieles tienen su modo de reconocer la respuesta a una oración cuando la obtienen, y su característica es no ceder hasta no obtenerla.

Confiable. Confiable implica responsabilidad. Significa que responde a la confianza de uno vez tras vez.

Me pregunto si este libro ha llegado a las manos de algunos de los santos confiables de la actualidad. Si tal fuera el caso, no podría resistirme a la oportunidad de decir un par de cosas.

¿La primera?

Gracias.

Gracias, santos de más edad, por toda una generación de oración y de abrir paso en la selva.

Gracias, maestros, por las innumerables lecciones de la Biblia, preparadas y entregadas con ternura.

Gracias, misioneros, por su valor al anunciar la verdad intemporal en un idioma extranjero.

Gracias, predicadores. Pensaban que nosotros no los escuchábamos, pero sí escuchábamos. Y su tenaz siembra de la semilla de Dios está gestando frutos que quizá ustedes no lleguen a ver desde este lado de la gran cosecha.

Gracias a todos los que practican los lunes lo que oyen los

domingos. Han pasado horas de altruismo con huérfanos, con máquinas de escribir, con comisiones que deliberan, sobre las rodillas, en salas de hospitales, lejos de sus familias, o en líneas de montaje. El evangelio cabalga sobre el lomo de su fidelidad.

Gracias por ser los "sedanes familiares" de la sociedad. Como esos sólidos atomóviles de cuatro puertas, a los que se puede acudir en las mañanas frías y que arrancarán y harán el trabajo necesario, se les puede enviar por caminos en mal estado y llegarán puntualmente, pueden recorrer kilómetros sin las caricias de un buen lustre y sin el lujo de la afinación y nunca se quejan. Ustedes logran que la cosa se haga.

Dije que tenía dos cosas que decirles. ¿Cuál es la segunda?

Continúen lanzando así la pelota. El premio en la Galería de la Fama está muy próximo.

COMENTARIOS INSENSIBLES

La insensibilidad inflige heridas que no se cierran rápidamente. Si alguien le hiere los sentimientos con toda la intención, sabe cómo reaccionar. Conoce la causa del dolor. Pero si alguien accidentalmente lastima su alma, es difícil saber cómo responder.

Una persona en su trabajo critica al nuevo jefe, quien casualmente es un amigo suyo muy querido. "Ay, perdóname; olvidé que ustedes dos son tan íntimos amigos."

En una fiesta se cuenta un chiste acerca de un gordo. Usted sufre de sobrepeso. Oye el chiste. Se sonríe con educación mientras que su ánimo cae en un pozo.

Algo destinado a ser sólo un regaño por una decisión o acción llega a ser un ataque a la persona misma. "Tú vida está llena de decisiones mal tomadas, Juan."

A alguien se le ocurre sacar los trapitos de usted al sol en público. "Susana, ¿es verdad que te has separado de Santiago?"

Comentarios carentes de sensibilidad. Pensamientos que debieran haber permanecido sólo pensamientos. Sentimientos que no tenían por qué expresarse. Opiniones lanzadas descuidadamente como granadas en medio de una aglomeración.

Y si usted informara del dolor que le causaron esos dardos a las personas que los arrojaron sin medir las consecuencias, su respuesta sería: "Oh, yo no tuve esa intención. . . No me había dado cuenta de que eras tan sensible." O también: "Olvidé que tú estabas presente."

En cierta medida estas palabras son consoladoras, hasta que se detiene a analizarlas (lo cual no es recomendable). Pues cuando comienza a pensar en los comentarios insensibles, se percata de que provienen de una familia infame cuyo padre ha transmitido dolor a muchas generaciones. ¿Su nombre? Egoísmo. ¿Sus descendientes? Tres hermanas: la falta de consideración, la falta de respeto y la desilusión.

Estas tres brujas se han combinado para envenenar innumerables amistades y romper corazones sin fin. En el inventario de su armamento figura lo más cruel de la artillería de Satanás: chisme, acusaciones, resentimiento, impaciencia, y así sucesivamente. Y bajo el título de "subterfugio" está el veneno de la insensibilidad.

Se le llama "subterfugio" por ser tan sutil. Tan sólo un desliz de la lengua. Tan sólo una laguna en la memoria. Ninguno tiene la culpa. No se ha hecho ningún daño.

Tal vez sí o tal vez no. Pues mientras los atacantes inocentes prosiguen su camino disculpándose por haber hecho cosas sin intenciones dañinas, un alma herida queda en medio de la polvareda, completamente confundida. *Si ninguno tuvo intención de herirme, entonces ¿por qué me duele tanto?*

La Palabra de Dios contiene represiones fuertes para los que sin cuidado permiten que se les vaya la lengua.

> "Y la lengua es un fuego. Es un mundo de maldad puesto en nuestro cuerpo, que contamina a toda la persona. Está encendida por el infierno mismo, y a su vez hace arder todo el curso de la vida."[1]
>
> "El que guarda su boca y su lengua, su alma guarda de angustias."[2]
>
> "El que guarda su boca guarda su alma, mas el que mucho abre sus labios tendrá calamidad."[3]
>
> "En las muchas palabras no falta pecado, mas el que refrena sus labios es prudente."[4]

El mensaje es claro: aquel que osa llamarse embajador de Cristo no puede darse el lujo de pronunciar palabras no constructivas. Las

---

1 Santiago 3:6, V.P.
2 Proverbios 21:23
3 Proverbios 13:3
4 Proverbios 10:19

excusas, como por ejemplo: "No sabía que estabas ahí" o "No me había dado cuenta de que esto pudiese mortificar a alguien", son insuficientes cuando provienen de los que se dicen seguidores e imitadores del Médico Divino. Nosotros tenemos una responsabilidad doble de controlar nuestra lengua.

Los siguientes pasos prácticos limpiarán las palabras descuidadas de su conversación.

1. Nunca cuente chistes que desprestigien a otro.
2. Nunca critique en público a menos que usted:
   ya haya expresado en privado su frustración a la persona en cuestión,
   ya haya invitado a un tercero a analizar la ofensa con la persona que la causó,
   y está completamente convencido de que la corrección en público es necesaria y será beneficiosa.
3. Nunca diga nada acerca de alguien en su ausencia si no lo diría en su presencia.

Los comentarios insensibles pueden ser accidentales, pero no tienen excusa.

UN CÁNTICO EN LA OSCURIDAD

Otro día cualquiera tal vez no me hubiera detenido. Como la mayoría de la gente en la transitada avenida, apenas si lo hubiera notado allí parado. Lo primero que me vino a la mente era la razón por la cual él estaba allí; de modo que me detuve.

Había dedicado parte de esa mañana a preparar una lección basada en el capítulo nueve del Evangelio según San Juan, el capítulo que contiene la historia del hombre ciego de nacimiento. Acababa de almorzar y estaba volviendo a mi oficina cuando lo vi. Él cantaba. En la mano izquierda tenía un bastón de aluminio; la derecha estaba extendida y abierta, esperando limosnas. Era ciego.

Luego de avanzar unos cinco pasos más allá de él, me detuve y, refiriéndome a mí mismo, musité algo respecto del epítome de la hipocresía y volví en dirección a él. Deposité algunas monedas en su mano. "Gracias", me dijo, ofreciendo luego un agregado a modo de saludo común en Brasil, "y que tenga salud." Deseo que encerraba la ironía de la vida.

Reanudé mi camino. Me detuvo nuevamente el estudio de la mañana del capítulo 9 de Juan. "Jesús vio un hombre, ciego de nacimiento." Me detuve y medité. Si Jesús estuviera aquí, él realmente vería a este hombre. No estaba seguro de lo que esto significaría. Sí estaba seguro de que yo no había hecho lo mismo que Jesús. Por lo tanto, regresé.

Como si el haber dado una limosna me otorgara el derecho, me aposté junto a un automóvil cercano y observé. Me desafié a mí mismo a ver al hombre. Permanecería ahí hasta que viese algo más que a un ciego indigente en una calle muy transitada del centro comercial de Río de Janeiro.

Observé cómo cantaba. Algunos mendigos se humillan en un rincón tratando de despertar lástima. Otros sin ningún sentido del pudor ponen a sus hijos sobre mantas en plena vereda considerando que sólo el más duro de los corazones podrá ser indiferente a un niño sucio y desnudo que pida pan.

Pero este hombre no hacía ninguna de esas cosas. Estaba de pie. Completamente derecho. Y cantaba. Con voz fuerte. Hasta con orgullo. Todos nosotros teníamos más motivo para cantar que él, pero era él quien cantaba. Predominantemente cantaba canciones folklóricas. Yo creí que una de ellas era un himno, aunque no estoy seguro.

Su ronca voz estaba fuera de lugar entre el bullicio del comercio. Como un gorrioncillo que se introduce en una ruidosa fábrica, o un cervatillo perdido en una transitada carretera, su canto traía a la imaginación una mezcla desigual entre el progreso y la sencillez.

Los transeúntes tenían reacciones diversas. Algunos eran curiosos y sin inhibiciones miraban fijamente. Otros se sentían incómodos. Estos eran rápidos en agachar la cabeza o pasar a su lado desviando la marcha en un amplio círculo. "Nada que me recuerde hoy las amarguras de la vida, por favor." La mayoría de las personas, sin embargo, casi no lo notaban. Sus pensamientos estaban ocupados, sus agendas estaban colmadas y él era... en fin, era un mendigo ciego.

Yo daba gracias de que él no pudiera ver la manera en que lo miraban.

Pasados unos minutos me acerqué otra vez a él. "¿Ha almorzado?", le pregunté. Dejó de cantar. Giró la cabeza hacia el sonido de mi voz y puso su cara en dirección más allá de mi oreja. Las cuencas de sus ojos estaban vacías. Dijo que sentía hambre. Fui a un restaurante cercano y le compré un emparedado y un refresco.

Cuando volví todavía estaba cantando y todavía sus manos estaban vacías. Se sintió agradecido por la comida. Nos sentamos en un banco que había cerca. Entre bocado y bocado me contó algo de él mismo. Veintiocho años. Soltero. Vivía con sus padres y siete hermanos.

— ¿Nació ciego?

— No. Tuve un accidente cuando era niño.

No ofreció más detalles ni yo tenía el atrevimiento de requerirlos. Si bien ambos teníamos aproximadamente la misma edad, estábamos a años luz de distancia. Mis tres décadas habían transcurrido como unas vacaciones veraniegas compuestas de excursiones con la familia, Escuela Dominical, debates estudiantiles, fútbol, y la búsqueda del Poderoso. Crecer ciego en un barrio pobre con toda seguridad que no ofrecía nada de esto. La preocupación diaria de mi vida ahora involucraba la gente, el pensamiento, los conceptos y las comunicaciones. Los días de él estaban unidos con los remiendos de la preocupación por la subsistencia: monedas, beneficencia de ropa y comida. Yo volvería a casa donde me esperaba un lindo departamento, una comida caliente, una buena esposa. Me repugnaba pensar en la casa a la que él llegaría. Yo ya había visto suficientes casillas amontonadas sobre las lomas de Río de Janeiro como para adivinar con cierto fundamento. Y el recibimiento... ¿habría alguien que le hiciera sentir que era apreciado al llegar a su casa?

Por un pelo no le pregunté: "¿Le da rabia que yo no sea usted? ¿Alguna vez se queda despierto de noche preguntándose por qué la suerte que le tocó fue tan diferente de la que se le repartió a más de un millón de otras personas nacidas hace treinta años?"

Yo vestía camisa y corbata y tenía puestos zapatos nuevos. Sus zapatos tenían agujeros y su saco le quedaba demasiado grande y pesado. Sus pantalones tenían un tajo a la altura de la rodilla como si fuera una boca abierta.

Y aun así, él cantaba. Aunque sin vista, sin un centavo, mendigante, todavía encontraba canciones y cantaba valerosamente. (Yo me preguntaba de qué rincón de su corazón procedería esa canción.)

Me imaginé que en el peor de los casos cantaría de desesperación. Todo lo que tenía era su canción. Aunque nadie le diera monedas, todavía le quedaba su canción. Sin embargo, parecía tener demasiada placidez como para ser motivado sólo por la necesidad de la autoconservación.

O quizá cantara de puro ignorante. Podría ser que no conociera lo que nunca había tenido.

No, me convencí de que la motivación más probable de su actitud era la que uno menos esperaría. El cantaba porque estaba contento. De alguna manera este indigente sin ojos había descubierto una vela llamada complacencia que alumbraba su oscuro mundo. Alguien le había dicho, o quizá él se lo había dicho a sí mismo, que el gozo del mañana se engendra en la aceptación del hoy. Aceptación de lo que no se puede, al menos por el momento, modificar.

Miré hacia todos los rostros que se precipitaban a nuestro lado. Sombríos. Profesionales. Decididos algunos. Disfrazados otros. Pero ni uno cantando, ni siquiera en silencio. ¿Qué si cada cara fuera una cartelera que anunciara el verdadero estado del corazón de su propietario? ¿Cuántos anuncios dirían: "¡Desesperado! ¡Naufragio en los negocios!" o bien: "Roto: Se necesita reparación", o: "Desconfiado, Desquiciado, y Desesperanzado"? Un buen número.

El dramático contraste era dolorosamente divertido. Este ciego puede haber sido el hombre más lleno de paz en toda esa calle. Sin diploma, sin premios, sin futuro, por lo menos en el sentido progresista de la expresión. Pero yo me preguntaba cuántos en esa estampida urbana intercambiarían sus salas de sesiones y sus trajes azules en un segundo por la oportunidad de beber del manantial de este joven.

"La fe es el pájaro que canta cuando todavía está oscuro."

Antes de ayudar a mi amigo para que pudiera volver a su lugar en aquella calle, procuré poner mi empatía en palabras.

— La vida es dura, ¿no es así?

Leve sonrisa.

Otra vez volvió su cara en la dirección de donde procedía mi voz y comenzó a responder, pero luego se detuvo y dijo:

— Mejor regreso a mi trabajo.

Casi a una cuadra de distancia podía oírlo cantar. Y en mi imaginación seguía viéndolo. Pero el hombre que veía ahora era uno distinto de aquel a quien le di unas pocas monedas. Aunque el hombre que yo veía ahora seguía siendo invidente, podía ver claramente la realidad. Y aunque yo era el que tenía ojos, él era el que me había dado una nueva visión.

EN EL FANGO DEL JABOC

El era el tramposo entre los patriarcas. Maestro prestidigitador y ágil en el manejo de los pies. Se ganó la dudosa fama de conseguir lo que quería por las buenas o las malas... o de ambas maneras.

Dos veces al repartir los naipes hizo trampa a su hermano lento de genio, Esaú, con el fin de ascender en el árbol genealógico. En una oportunidad cubrió con engaño los ojos de su propio padre, un truco sucio en extremo considerando que los ojos de su padre estaban algo opacados y que el truco le aseguraría un regalo que no obtendría jamás por otros medios.

Más tarde le quitó a su suegro lo mejor del ganado por medio de subterfugios, y cuando nadie lo veía, tomó a sus hijos y al ganado y se dio a la fuga.

Sí, Jacob tenía la reputación de ser astuto, y la merecía. Según él, el fin justificaba los medios. Lo único que sobrepasaba su ingeniosidad era su audacia. Su conciencia estaba, a pesar de todo, lo suficientemente endurecida como para permitirle dormir, y sus pies eran lo suficientemente veloces como para ponerlo a salvo de las consecuencias.

Es decir, hasta que llegó a un río llamado Jaboc.[1] Allí su astucia le dio alcance.

Jacob estaba acampando en las cercanías del río Jaboc cuando le llegó la noticia de que el grandote y velludo Esaú venía a verlo. Habían pasado veinte años desde que Jacob había engañado a su hermano. Tiempo más que suficiente (se daba cuenta Jacob) para que Esaú

---

1 Génesis 32

revolviera la olla que hervía de venganza. Jacob estaba en una situación difícil. Esta vez no le quedaban trucos de prestidigitador. Finalmente se veía forzado a enfrentarse consigo mismo y con Dios. A favor de Jacob está el hecho de que no huyó de este problema. A uno le hace preguntarse por qué. Quizá estuviera harto de escapar. O tal vez le cansara mirar al tipo deshonroso que veía cada mañana en el espejo. O quizá simplemente sabía que había hecho ya demasiadas cosas solapadas. Cualquiera fuera la motivación, fue suficiente para que le indujera a salir de las tinieblas, cruzar el vado de Jaboc solo, y enfrentarse con los hechos.

La palabra "Jaboc" en hebreo significa "forcejear" y eso fue lo que hizo Jacob. Luchó con su pasado, con todas las medias verdades, con sus estratagemas y sus escándalos. Luchó con la situación en que se encontraba: como una araña atrapada en su propia tela de engaño y astucia. Pero más que cualquier otra cosa, luchó con Dios.

Luchó con el mismo Dios que había descendido por la escalera en Betel para darle a Jacob la seguridad de que no estaba solo (aunque merecía estarlo). Se encontró con el mismo Dios que le había asegurado antes a Jacob que nunca quebrantaría su promesa (si bien nadie podría culpar a Dios si la hubiera quebrantado). Se enfrentó con el mismo Dios que le había recordado a Jacob que el terreno preparado para él era suyo todavía. (Una prueba más de que Dios nos bendice *a pesar* de nuestra vida, y no *a causa* de nuestra vida.)

Jacob luchó con Dios durante toda la noche. En la ribera del Jaboc rodó por el lodo de sus propios errores. Conoció a Dios cara a cara, harto de su pasado y con una necesidad desesperada de un comienzo nuevo. Y porque Jacob deseaba eso con toda el alma, Dios honró su resolución. Un nuevo nombre le dio Dios, y una nueva promesa. Pero también le dio una cadera dislocada como recordatorio de aquella misteriosa noche junto al río.

Jacob no es el único hombre registrado en la Biblia que haya forcejeado consigo mismo y con Dios a causa de travesuras pasadas. Eso mismo hizo David luego de su encuentro amoroso con Betsabé. Sansón luchó, ciego y calvo, luego de la seducción de Dalila. Elías tuvo su propio Jaboc cuando oyó aquella voz apacible y apenas audible. Pedro luchó con su culpa al resonar en sus oídos los ecos del canto de un gallo.

Y me imagino que la mayoría de nosotros hemos pasado algunos momentos a orillas de ese río también. ¿Algunos ejemplos? Contemplemos estas escenas.

El marido infiel de pie junto a una mesa con una nota de parte de su esposa en la mano: "No podía soportarlo más. Me he llevado a los niños."

La soltera de veinte años en el consultorio médico. Las palabras quedan grabadas en su mente: "El análisis resultó positivo. Usted está embarazada."

El empresario retorciéndose nervioso en la oficina general de impuestos. "La revisión del estado de su cuenta ha demostrado algunas evasiones que no son lícitas."

El estudiante ruborizado sorprendido en el acto mismo de copiar las respuestas de examen de otra persona. "Tendremos que dar cuenta de esto a tus padres."

Todos nosotros alguna que otra vez nos enfrentamos cara a cara con nuestro pasado. Y siempre resulta ser un encuentro incómodo. Cuando nuestros pecados nos dan alcance podemos hacer una de dos cosas: huir o luchar.

Muchos eligen salir corriendo. Se sacuden el peso de encima encogiéndose de hombros con un mecanismo de excusas. "Fue la presión de las circunstancias." O : "Fue culpa de él." O: "Hay muchos que hacen cosas peores." El problema con esta escapatoria es que no es para nada una escapatoria. Es sólo un camuflaje superficial. No importa cuántas capas de maquillaje pongamos sobre el ojo negro, por debajo todavía quedará negro. Y muy por debajo todavía duele.

Jacob finalmente llegó a esa conclusión. Por lo tanto, su ejemplo es digno de imitar. La mejor manera de encarar nuestro pasado es ajustarnos los pantalones, arremangarnos la camisa, y enfrentarlo con la cabeza en alto. No más agachadas ni chivos expiatorios. No más colorete ni coberturas. No más jugarretas. Necesitamos confrontarnos con nuestro Maestro.

Nosotros también debemos cruzar el vado solos y luchar con Dios por causa de nosotros mismos. Nosotros también debemos mirar sus pupilas para recordar que si nos deja solos fracasamos. Nosotros también debemos desenmascarar nuestro corazón manchado y nuestra alma enmugrecida, y ser sinceros con Aquel que conoce nuestros pecados más secretos. El resultado podría ser refrescante. Sabemos que lo fue en el caso de Jacob. Luego de su encuentro con Dios, Jacob fue un hombre nuevo. Cruzó el río al despuntar el nuevo día y llegó ante Esaú con un valor recién hallado.

Cada paso que daba, no obstante, le era doloroso. Su cadera entumecida le recordaba la lección que había aprendido en Jaboc: los tratos dudosos ocasionan dolor. Anote esto: diviértase hoy y pagará mañana.

Y para los que se preguntan si se han divertido demasiado tiempo como para poder cambiar, cobren ánimo del legado de Jacob. Ningún hombre es demasiado malo para Dios. Transformar a un tramposo desvergonzado en un hombre de fe no ha de ser una tarea fácil. Pero para Dios fue el trabajo de una sola noche.

UN POCO AHORCADO

"Señor. . . quiero saber cuán breve será mi vida."
(Salmo 39:4, V.P.)

Abraham Lincoln, el famoso presidente estadounidense del siglo diecinueve, escuchaba cierta vez las súplicas de la madre de un soldado que había sido sentenciado a la horca por traición. Le rogaba al presidente que le otorgara el perdón. Lincoln lo concedió. A pesar de eso, se dice que dejó a la señora con las siguientes palabras: "Sin embargo, me gustaría que pudiéramos darle una lección. Me gustaría que pudiéramos ahorcarlo un poquito."

Estábamos almorzando en casa de una familia de misioneros, como nosotros. Fue después de la comida. Yo estaba en la cocina mientras Denalyn y nuestros amigos, Paul y Debbie, conversaban en la sala. Su hija Beth Ann de tres años estaba jugando con nuestra Jenna de dos años en el frente de la casa. De pronto Beth Ann entró corriendo con una expresión de pánico en el rostro.

— ¡Jenna está en la piscina!

Paul fue el primero en llegar al borde de la piscina. Se echó de inmediato al agua. Denalyn fue la segunda en llegar. Cuando llegué yo, Paul ya había sacado a la pequeña del agua y la había puesto en las manos extendidas de su madre. Jenna se atoraba, lloraba y tosía simultáneamente. Vomitó toda el agua que le cabía en vientre. Yo la sostuve mientras ella lloraba. Denalyn comenzó a sollozar. Yo comencé a sudar.

Durante el resto del día no me parecía que la abrazaba lo suficiente, ni que le agradecía a la pequeña Beth Ann lo suficiente (la llevamos a tomar un helado). Todavía me parece que no puedo agradecer a Dios lo suficiente.

Fue todo cuestión de unos minutos solamente, quizá segundos. *Casi la perdimos.* Este pensamiento nos aturdía y remordía. Era como ser ahorcado un poco.

Me faltó el banquillo bajo mis pies y la soga se ajustó alrededor de mi cuello el tiempo suficiente como para recordarme lo que realmente importa. Fue una bofetada divina, un golpe en la cabeza por gracia de Dios, un acto de misericordia severo. A causa de esto me encontré cara a cara con uno de los agentes más astutos del abismo: el acostumbramiento.

Su encargo desde el salón del trono negro es claro y fatal: "No le quites nada a tu víctima; solamente haz que lo dé todo por sentado."

El había estado en mi camino durante años y yo no lo sabía. Pero ahora lo sé. He aprendido a reconocer sus tácticas y a detectar su presencia. Y estoy haciendo todo lo posible para mantenerlo alejado. Su propósito es mortal. Su meta es nada menos que tomar lo que es más precioso para nosotros y hacerlo parecer lo más corriente.

Decir que este agente del acostumbramiento trae como consecuencia el menosprecio es decir poco. Uno de sus descendientes es el desprecio. Pero también es el patriarca de los corazones quebrantados, de las horas malgastadas y del deseo insaciable de poseer más. Es un experto en robar la chispa reemplazándola por la opacidad. El inventó el bostezo y puso la monotonía en lo monótono. Y su estrategia es engañosa.

El no le robará la salvación; él solamente le hará olvidar cómo es estar perdido. Llegará a acostumbrarse a la oración y por consiguiente no orará. La adoración se tornará ordinaria y el estudio bíblico optativo. Con el correr del tiempo, él saturará su corazón de aburrimiento y cubrirá la cruz con polvo de modo que esté "a salvo" fuera del alcance de un cambio. Un punto a favor del acostumbramiento.

Tampoco le robará su hogar; hará algo mucho peor. Se lo pintará con una capa descolorida de rutina.

El reemplazará la ropa elegante por batas de entrecasa, las noches en el centro de la ciudad por tardes en el sillón, y el romance por la rutina. El esparcirá el polvo del ayer sobre las fotografías de su boda hasta que se conviertan en el recuerdo de otra pareja en otra época.

El no le quitará a sus hijos; solamente lo mantendrá demasiado ocupado para notarlos. Sus sugerencias de postergar son seductoras. Siempre habrá un próximo verano para practicar deportes con ellos, un próximo mes para ir al lago, una próxima semana para enseñarle a Juanito a orar. El le hará olvidar que las caras alrededor de su mesa muy pronto estarán en sus propias mesas. Por ende los libros quedarán sin leérselos, los partidos quedarán sin jugarse, los corazones quedarán sin alimentarse, y las oportunidades pasarán sin aprovecharse. Todo porque el veneno de lo acostumbrado ha embotado sus sentidos a la magia del momento presente.

Antes de que se de cuenta, la pequeña carita que hizo brotar lágrimas de sus ojos en la maternidad habrá llegado a ser (reprendo el pensamiento) común; una criatura cualquiera sentada en el asiento trasero de su camioneta, mientras usted se precipita por el rápido camino de la vida. A menos que algo cambie, a menos que alguien lo despierte, ese niño como cualquier otro llegará a ser un extraño como cualquier otro.

Que nos ahorquen un poco nos haría un poco de bien a todos nosotros.

Sobre una repisa arriba de mi escritorio hay una fotografía de dos niñitas. Se toman de las manos paradas al borde de una piscina de natación, la misma piscina de la cual había sido rescatada sólo unos minutos antes la menor de las dos. Puse la fotografía donde pudiera verla cada día para poder recordar que Dios no quiere que yo olvide.

Y usted puede estar seguro de que esta vez voy a recordar. No quiero ser ahorcado más. Ni siquiera un poco.

CARMELITA

El aire caliente parecía un manto espeso colgado en la pequeña capilla del cementerio. Aquellos que tenían abanicos los usaban para remover la quietud. Estábamos aglomerados. Las pocas sillas que se habían colocado fueron ocupadas rápidamente. Encontré un rincón vacío hacia un costado y quedé en pie quieto, observando el primer sepelio brasileño que había presenciado.

Sobre un soporte en medio de la capilla se apoyaba el ataúd y el cuerpo de una mujer que había muerto el día anterior en un accidente automovilístico. Su nombre era Dona Neusa. Yo la conocía porque era la madre de uno de nuestros primeros convertidos, Cesar Coutinho. Junto al féretro estaban Cesar, su hermana, otros parientes, y una persona muy especial de nombre Carmelita.

Era una mujer alta, de piel oscura, casi negra. Ese día estaba vestida con sencillez y su rostro era solemne. Miraba fija y seriamente el ataúd con sus ojos negros hundidos. Había algo de noble en el modo en que se mantenía de pie junto al cadáver. Ella no lloraba abiertamente como los demás. Tampoco buscaba consuelo de los otros enlutados. Sólo se mantenía allí de pie, extrañamente quieta.

La noche anterior yo había acompañado a César a cumplir la delicada misión de comunicarle a Carmelita que Dona Neusa había muerto. Mientras viajábamos hacia allá, él me explicó cómo su familia había adoptado a Carmelita.

Más de veinte años atrás, la familia de César había visitado un pueblito en el interior del Brasil. Allí encontraron a Carmelita, una huérfana de siete años, viviendo con unos parientes sumidos en la pobreza. Su madre había vivido de la prostitución. Nunca había conocido un padre. Ni bien vio a la niña, Dona Neusa se conmovió.

Se dio cuenta de que a menos que, alguien interviniera, Carmelita estaba condenada a una vida sin amor ni cuidado. A causa de la compasión de Dona Neusa, César y su familia volvieron al hogar con un nuevo miembro de la familia.

De pie en la capilla funeraria contemplando la cara de Carmelita, traté de imaginar las emociones que ella sentiría. Cómo había cambiado su vida. Me preguntaba a mí mismo si estaría reviviendo en su mente el momento en que había subido a un autómovil con la nueva familia. Un momento antes había estado sin amor, sin hogar, sin futuro; al momento siguiente ya tenía las tres cosas.

Mis pensamientos se vieron interrumpidos por el ruido de pies en movimiento. El velorio había concluido y la gente abandonaba la capilla para ir al lugar del entierro. A causa de mi ubicación en el último rincón del edificio, yo fui el último en retirarme. O eso fue lo que yo pensé. Cuando me dirigía hacia afuera oí una suave voz a mis espaldas. Me volví y vi a Carmelita sollozando silenciosamente a un lado del ataúd. Conmovido, me detuve a la entrada de la capilla y presencié este emotivo adiós. Carmelita había quedado a solas por última vez con su madre adoptiva. En su mirada había determinación. Era como si quisiera ejecutar una última tarea. No gemía, tampoco gritaba de dolor. Simplemente se inclinó sobre el ataúd y lo acarició tiernamente, como si fuese la cara de su madre. Con lágrimas silenciosas que goteaban sobre la madera lustrada repetía: "Obrigada, obrigada" (es decir: "Gracias, gracias").

Un último adiós de gratitud.

Al volver a casa ese día, iba pensando cómo nos parecemos nosotros, en muchos aspectos, a Carmelita. También somos huérfanos asustados. También estábamos sin ternura ni aceptación. También fuimos rescatados por un Visitante compasivo, un padre generoso que nos ofreció su hogar y su nombre.

Nuestra respuesta debiera ser exactamente como la de Carmelita, una respuesta conmovida de gratitud de lo profundo del corazón por nuestro rescate. ¡Cuando nadie nos daba ni un momento de su atención, el Hijo de Dios nos dio toda una eternidad!

Nosotros también debiéramos detenernos en la tranquila compañía de aquel que nos salvó y verter lágrimas de gratitud y ofrendar palabras de agradecimiento. Pues no se trata de que ha sido rescatado nuestro cuerpo, sino nuestra alma.

CUMBRE A LA VISTA

Este libro fue escrito de noche. No a la tardecita, ni al anochecer, sino de noche. Después de la hora de acostarse. Después que se retiraban las visitas. Cuando la casa quedaba en silencio. Mientras mi esposa dormía, yo me deslizaba hasta el depósito transformado en oficina, saludaba a mi amante de medianoche (o sea, la computadora) y escribía. Con la estridencia incesante de las calles de la ciudad afuera, y el ronroneo sedante del ventilador de pie a mi lado, disfrutaba de un encuentro nocturno con la Luz.

No soy nocturno por naturaleza. Durante muchas noches se libraba una batalla entre la somnolencia y la creatividad. No soy un trasnochador. Pero es que soy padre de familia y misionero, y descubrí que las demandas de esas dos responsabilidades se disipan a la hora en que la mayoría de la gente dice "Buenas noches". (Intenté las horas de la madrugada que, por alguna razón, parecían justificarse más; pero el camión remolcador que yo necesitaba para que me arrancara de la cama no podía subir las escaleras.)

Esta noche parece ser mi última cita romántica con este manuscrito. *Dios se acercó ha atravesado las etapas necesarias de alimentación y acicalamiento y está casi listo para ser llevado al mercado. Eso, como se imaginará, es causa de regocijo a la par que de tristeza. Voy a extrañar a esta compañía nocturna. No tengo inconveniente en decirle que más de una vez el impacto de mis reflexiones nocturnas me arrojó de mi sillón giratorio y me puso de rodillas en agradecimiento. ¡Es tan maravilloso el Dios a quien servimos!*

Recientemente leí una historia escrutadora que servirá como un buen recordatorio al prepararnos usted y yo para tomar sendas diferentes. Es la historia de un grupo de alpinistas que salieron a escalar una de las grandes montañas de Europa. El panorama se ufanaba de un grandioso pico de rocas recubiertas de nieve. En días luminosos la cresta más alta reinaba como un soberano del horizonte. Su punta blanca sobresalía sobre un cielo azul solicitando la admiración y ofreciendo inspiración.

En días así los caminantes adelantaban más. El pico se erguía más alto que ellos como una meta que los impelía. Los ojos eran llamados desde lo alto. Los pasos se tornaban vigorosos. La cooperación era desinteresada. Aunque muchos en número, escalaban como una sola persona, todos mirando hacia la cima.

Pero algunos días la cumbre se escondía de la vista. La cubierta de nubes eclipsaba al brillante azul con un cielo raso monótono y gris que obstruía la visión de la cima de la montaña. En días así la subida se tornaba ardua. Los ojos se volvían hacia abajo y los pensamientos hacia adentro. La meta se olvidaba. El estado de ánimo era impaciente. La fatiga era la compañera no invitada. Las quejas punzaban tanto como las espinas en el sendero.

Nosotros somos así también, ¿no es verdad? Mientras que vislumbramos nuestro sueño, mientras que la meta está al alcance de nuestra vista, no hay montaña que no podamos subir ni cúspide que no podamos alcanzar. Pero si nos falta la visión, o si algo estorba la vislumbre del final del sendero, el resultado es tan desalentador como el camino.

Piense en esto. Oculte al Nazareno que nos llama desde lo más elevado de la montaña y observe lo que sucede.

Escuche los quejidos de los alpinistas cuando hacen un alto y se sientan al costado del camino. ¿Para qué continuar, si no hay ningún alivio a la vista? Los peregrinos que no tienen una visión de la tierra prometida acaban como propietarios de su propia tierra. Instalan un campamento. Cambian sus botines por mocasines y canjean sus báculos por un sillón nuevo.

En vez de mirar hacia arriba donde está él, miran hacia adentro de sí mismos y hacia afuera el uno al otro. ¿Con qué resultado? Fiebre de encierro. Familias distanciadas. Líderes inestables. Construcción de cercos. Territorio delimitado por estacas. "¡No pasar!" son las señales escritas sobre los corazones y los hogares. Las disputas desembocan en peleas al mirarse de soslayo los grupos de miopes, haciendo resaltar las debilidades del otro en lugar de volverse en adoración hacia el Poderoso que tienen en común.

Anote esto. Somos lo que vemos. Si sólo nos vemos a nosotros mismos, nuestras tumbas tendrán el mismo epitafio con que Pablo describió a los enemigos de Cristo: "Su dios es su estómago, su gloria se halla en su vergüenza, y piensan solamente en lo terrenal."[1] Los seres humanos no fueron creados para habitar en la bruma enviciada de las tierras bajas sin visión alguna de su Creador.

Por eso Dios se acercó. Para ser visto.

Y es por eso que aquellos que lo vieron no fueron más los mismos de antes. "Vimos su gloria", exclamó uno de sus seguidores.[2] Nos "Hemos visto con nuestros propios ojos su majestad", susurró un mártir.[3] Ellos vieron la cumbre. Aspiraron el aire puro de las tierras altas. Avistaron brevemente el pináculo. Y se negaron a abandonar la subida hasta llegar a la cúspide. Querían ver a Jesús.

Comencé este libro con algunas definiciones: el cristianismo en su forma más pura no es otra cosa que ver a Jesús. El servicio cristiano en su forma más pura no es más que la imitación de aquel a quien vemos. Ver a Su Majestad e imitarlo: ésa es la esencia del cristianismo.

Por eso aquellos que hoy lo ven no son más los mismos de antes. ¿Recuerda a Roberto Edens? Es el que presenté en la introducción, el que vivió cincuenta y un años sin ver absolutamente nada hasta que una complicada cirugía le dio la vista. Algo más es digno de notar de sus declaraciones.

"Una cosa a la que debí acostumbrarme fue la hierba... Yo siempre había creído que era nada más que una masa vellosa. Pero ver uno a uno cada tallo verde, y ver el vello en mi brazo crecer de la misma manera que las plantas, y los pájaros atravesando el aire en su vuelo... es como comenzar una vida completamente nueva."

Obtener la visión puede ser así. Especialmente si es obtener una

1 Filipenses 3:19, Reina Valera Actualizada
2 Juan 1:14
3 2 Pedro 1:16b

visión de su Hacedor. Puede ser como comenzar una vida completamente nueva. Puede ser como un nuevo nacimiento. De hecho, Aquel que inspiró este libro dijo que los nuevos comienzos y la buena vista son inseparables. "El que no nace de nuevo no puede ver el reino de Dios."[1]

Dios se acercó. Si él es quien dice que es, no hay verdad más merecedora del tiempo de usted.

Piénselo. Ahora, si no le incomoda, creo que voy a dormir un poco.

---

1 Juan 3:3

Nos agradaría recibir noticias suyas.
Por favor, envíe sus comentarios sobre este libro
a la dirección que aparece a continuación.
Muchas gracias.

EDITORIAL VIDA
8325 NW 53rd St., Suite: 100
Miami, Florida 33166-4665
Vidapub.sales@harpercollins.com
http://www.editorialvida.com